Erfolgreicher schreiben in Beruf und Alltag

Dank

Mein besonderer Dank gilt vielen Kurs- und Seminarteilnehmern. Ihre Fragen und Anregungen haben zum Gelingen dieses Buches beigetragen.

Helge Kaminski

Erfolgreicher schreiben in Beruf und Alltag

Bibliografische Information Der Deutschen Bibliothek:
Die Deutsche Bibliothek verzeichnet diese Publikation in der
Deutschen Nationalbibliografie; detaillierte bibliografische
Daten sind im Internet über http://dnb.ddb.de abrufbar.

Die Ratschläge in diesem Buch sind von Autor und den daran
beteiligten Personen sorgfältig erwogen; dennoch kann eine
Garantie nicht übernommen werden. Eine Haftung des Autors
und seiner Unterstützer für Personen-, Sach- und Vermögens-
schäden ist ausgeschlossen.

Unterstützung:

Korrektorat & Lektorat: Marie Firnhaber, Peter Salm
Anregungen für Umschlag: Christiane Brockhausen
Technische Umsetzung: Benjamin Erbach

© 2005 Helge Kaminski
Herstellung und Verlag: Books on Demand GmbH, Norderstedt.
ISBN 3 - 8334 - 2937 - 2

Inhalt

Persönlicher Hinweis:
Wenn im Buch von „Schreibern", „Lesern", „Kollegen" usw. die Rede ist, sind stets auch die weiblichen Formen gedanklich einbezogen.

Erfolgreicher sein mit überzeugenden Texten

Kommunikativer Vorsprung wird in unserer Berufswelt immer wichtiger. Ein Blick in den Briefkasten oder E-Mail-Eingang verdeutlicht: Wir sind einer immer größeren Informationsflut ausgesetzt. Auch Ihre Texte stehen im verschärften Wettbewerb mit anderen. Sie müssen sich von ihnen abheben, um den gewünschten Erfolg zu erzielen.

Ob Geschäftsbrief, Protokoll oder E-Mail: Jeder Text bietet Chancen, die Sie nutzen sollten. Mit gelungenen Texten schaffen Sie Vertrauen, steigern Ihr Ansehen und überzeugen Ihren Leser. So berichten etwa Personalleiter, dass häufig allein schon gelungene Bewerbungsschreiben zu einem Vorstellungsgespräch führen.

Wer kennt das nicht? Man muss noch dringend einen Text schreiben, aber passende Formulierungen wollen einfach nicht gelingen. Die Zeit drängt, und der Frustrationspegel steigt. Aber keine Sorge: Mit solchen Erfahrungen sind Sie in bester Gesellschaft. Selbst Schreibprofis, wie etwa Texter oder Redakteure, sind nicht dagegen gefeit.

Dieser Ratgeber greift die üblichen Schwierigkeiten des Schreibens auf. Dabei stehen neben bewährten Ratschlägen zum effektiven und lesefreundlichen Schreiben praxisnahe Übungen im Mittelpunkt. Zudem können Sie Ihr erworbenes Wissen in gängigen Texten wie E-Mails, Bewerbungen oder Geschäftsbriefen umsetzen. Mit den Lösungsvorschlägen können Sie die Trainingsphasen überprüfen und vertiefen. Sie werden merken: Schon mit etwas Zeit und Einsatz gehen Ihnen künftig professionelle Texte flotter von der Hand.

Verständlich, treffend und interessant schreiben

Dass Texte nicht flüssig erscheinen oder sogar schwer verständlich sind, liegt am gewählten Ausdrucksstil. So werden oft wesentliche Informationen durch umständliche Formulierungen vernebelt und/ oder in Endlossätzen versteckt. Auch Worthülsen und überflüssige Zusätze erschweren ein rasches Textverständnis.

Gelungene Texte sind so gegliedert und formuliert, dass sie auf Anhieb klar sind. Sie kombinieren wesentliche Gesichtspunkte und sind fehlerfrei, verständlich und lesenswert zugleich. Gute Texte zeichnen sich dabei aus durch:

- treffende und ansprechende Wortwahl

- klare Konstruktion der Sätze

- logische Gliederung

Standardschreiben mit bewährten Textbausteinen, wie etwa bei Firmengründung oder Geschäftsjubiläum, sind eher die Ausnahme. Im Beruf sind wir in der Regel mit immer neuen Situationen und Anforderungen konfrontiert. Diese neuen Herausforderungen erfordern dann stets neue Ansätze und passende Formulierungen. Neue Liefer- oder Zahlungsbedingungen, Sonderangebote oder Werbebriefe für Ihr neues Produkt: Ein sachgemäßer Stil, der auf die Erwartungen des Empfängers zielt, verschafft Ihnen bereits einen kommunikativen Vorteil.

„Treffend müssen wir schreiben, sonst können wir dem Leser kein richtiges Bild der Sache vermitteln. Lebendig müssen wir schreiben, sonst langweilt sich der Leser und liest nicht weiter. Klar muss der Text sein, sonst bekommt der Leser einen falschen Eindruck ... Und knapp müssen wir sein, weil wir alles auf der Welt mit sparsamen Mitteln erreichen wollen: Wir dürfen die Zeit des Lesers nicht vergeuden." [1]

10

Wie man die vorher zitierten Schreibtipps konkret umsetzt, hängt auch von der gewählten Textart ab: Während etwa der Werbetext zum Kauf des angebotenen Produktes anregen soll, geht es im Bericht vorrangig um sachgerechte Information. So kann es auch nicht den allgemeingültigen Ausdrucksstil geben, der sich für alle Texte anwenden lässt. Manche Autoren sprechen zwar von „stilistischen Regeln" – diese sind dann jedoch eher als Ratschläge zu verstehen. Denn zum guten Schreibstil gehört auch die Fähigkeit, sich abwechslungsreich auszudrücken. Starre Ausdrucksregeln sind dabei hinderlich.

> Texte im Berufsleben sollten so kurz wie möglich und so ausführlich wie nötig sein, fehlerfrei, direkt verständlich und zudem ansprechend.

Verständlichkeit – das oberste Gebot

Ein Text wird in der Regel nicht durch seinen Inhalt schwer verständlich. Häufig baut der Schreiber Verständnishürden auf, die dem Leser das flüssige Lesen erschweren: Es lassen sich noch andere Ursachen für umständliche Texte nennen:

- Man versucht sich über Fremdwörter oder schwierige Satzkonstruktionen zu profilieren.

- Der Schreiber versetzt sich nicht in den Leser.

- Der Text entsteht unter Zeitdruck.

- Der Autor weiß selbst nicht genau, was er eigentlich schreiben will.

Als Leser verbindet uns alle ein Wunsch: Wir möchten einen Text auf Anhieb verstehen. In der mündlichen Kommunikation kann man bei Unklarheiten direkt nachfragen. Das ist im Schriftverkehr anders: Hier hat der Schreiber oft nur seinen Text, um sich verständlich zu machen. Verständlichkeit ist zwar nicht das einzige Kriterium erfolgreicher Texte, jedoch ohne Verständlichkeit werden andere Schreibaspekte wertlos.

Wortwahl

Mehr Verben – das Herz der Sprache nutzen

„Unechte" Verben sparsam verwenden

Vorsicht: Trennbare Verben

Auf unnötige Vorsilben verzichten

Klare Substantive verwenden

Achtung: Fremd- oder Fachwörter

Abkürzungen – nur wenn sie vorteilhaft sind

Adjektive – weniger kann mehr sein

Steigerungen maßvoll nutzen

Vorsicht: „Falsche" Adjektive

Füllwörter und Doppelbezeichnungen vermeiden

Das Partizip – beliebt und oft überflüssig

14

Wortwahl

Texte bestehen bekanntlich aus Sätzen und Sätze aus Wörtern. Mit einer treffenden Wortwahl stellen Sie schon entscheidende Weichen für einen gelungenen Text.

Mehr Verben – das Herz der Sprache nutzen

Das so genannte Verb lässt sich auch als Zeit- oder Tätigkeitswort bezeichnen, wie z. B. „bestellen" oder „liefern".

Welche Formulierung spricht Sie eher an?

1) Die Lieferung der bestellten Möbel erfolgt am 02. 12. 2005.

2) Sie erhalten die bestellten Möbel am 02. 12. 2005.

Sicherlich haben Sie sich für Variante „2" entschieden. Sie ist direkter, weil es die eigentliche Handlung „erhalten" im Verb belässt. Demgegenüber ist Variante „1" im so genannten Nominalstil formuliert. Er vernachlässigt – wie der Name schon vermuten lässt – Verben zu Gunsten von Nomen. Tätigkeiten sind dabei auffallend häufig durch Nomen ausgedrückt. So wurde im obigen Beispiel die Aktion hauptsächlich durch das Nomen „Lieferung" beschrieben. Nomen kann man auch als Hauptwörter oder Substantive bezeichnen.

„Das Verb ist das Rückgrat des Satzes. Wenn man die Handlung in ein Hauptwort zwingt ... so bricht man dem Satz das Rückgrat ... Die eigentliche Satzfäulnis beginnt, wenn durchweg Handlungen durch Hauptwörter statt durch Tatwörter wiedergegeben werden." [2]

Dennoch scheint der Nominalstil nicht auszusterben. Man findet ihn besonders noch in Behördenschreiben: Hölzerne und unklare

Schreiben sind häufig die Folge. Solche Texte verärgern, weil man sie oft erst nach mündlicher Nachfrage versteht. Fraglich ist, ob der Leser überhaupt diese Mühe aufwendet.
Die für den Nominalstil charakteristischen Ersetzungen von Verben durch Hauptwörter, die so genannten Nominalisierungen, sind häufig an der Endung „ung" zu erkennen:

- Erreichung

- Erteilung

- Findung

- Mittelaufbringung

- Sprachbeherrschung

Vermeiden Sie Nominalisierungen. Auch der Duden weist ausdrücklich darauf hin: Verben gestalten den Text lebendiger, anschaulicher und verständlicher. In erfolgreichen Texten spielen treffende Verben die Hauptrolle: Besonders sie regen zum gewünschten Handeln an. Vor allem Werbetexter nutzen übrigens diese Erkenntnis.

> Je mehr Verben ein Satz oder Text aufweist, desto verständlicher und ansprechender wird er. Bevorzugen Sie Verben: Sie verbinden wichtige Elemente im Satz und beleben ihn.

Übungen

Bitte ersetzen Sie den Nominalstil und verwenden Sie stattdessen treffende Verben:

1) Bei Nichteinhaltung der vertraglichen Fristen ist mit einer Erhöhung des Bußgeldes zu rechnen.

16

_____

_____

2) Ein Unterbleiben der Inangriffnahme des Staudammbaus würde der Region Schaden zufügen.

_____

_____

3) Es besteht ein Verbot hinsichtlich der Benutzung des Parkplatzes.

_____

_____

4) Eine Nachfrageerhöhung hinsichtlich unserer Produkte ist festzustellen.

_____

_____

5) Entschuldigen Sie bitte die Verzögerung bei der Begleichung Ihrer Rechnung.

_____

_____

Ausnahmen

Sie können auf Verben verzichten, wenn Sie regelmäßige Ereignisse oder Vorgänge beschreiben:

- die Reinigung des Schornsteins

- die Einnahme des Essens

- der Beginn der Arbeit

Ebenso eignen sich Substantive in Überschriften:

- SPD – Sieg bei Bundestagswahl

- Börse im freien Fall

- Schuldenerlass für Dritte Welt

„Unechte Verben" sparsam verwenden

Welcher Satz spricht Sie eher an?

1) Ihr Angebot haben wir einer genauen Prüfung unterzogen.

2) Ihr Angebot haben wir geprüft.

Sicherlich entschieden Sie sich für Variante „2". „Unterzogen" ist ein so genanntes Streckverb. Solche Verben sind auf bestimmte Substantive angewiesen. In unserem Beispiel lautet das entsprechende Substantiv „Prüfung". Hier lenkt nicht mehr das Verb den Satz, sondern das Substantiv trägt die eigentliche Aussage. So entstehen vielfach umständliche und aufgeblasene Formulierungen, die ein rasches Textverständnis erschweren. Streckverben können nur dann den Ausdrucksstil bereichern, wenn man sie gelegentlich verwendet.

18

Die nachstehende Liste wird Ihnen helfen, die gebräuchlichsten Streckverben zu erkennen.

Streckverben:		Besser:
zur Ausführung bringen	→	ausführen
Beachtung schenken	→	beachten
eine Bestellung vornehmen	→	bestellen
unter Beweis stellen	→	beweisen
zur Darstellung bringen	→	darstellen
die Forderung haben	→	fordern
in Erscheinung treten	→	erscheinen
in Erinnerung rufen	→	erinnern
in Erwägung ziehen	→	erwägen
in Kenntnis setzen	→	informieren
einer Klärung zuführen	→	klären
eine Kontrolle durchführen	→	kontrollieren
eine Lieferung vornehmen	→	liefern
den Nachweis bringen	→	nachweisen
eine Prüfung vornehmen	→	prüfen
einen Test vornehmen	→	testen
Verzicht leisten	→	verzichten
Vorwurf machen	→	vorwerfen
eine Zusage machen	→	zusagen

> Nutzen Sie bei Ihren Formulierungen eher herkömmliche Verben. Streckverben sollten die Ausnahme bleiben.

Übungen

Ersetzen Sie bitte die Streckverben:

6) Wir sprechen Ihnen für Ihr enormes Engagement einen besonderen Dank aus.

_____

_____

7) Sie sollten auch die Belastbarkeit der Bewerber einer Prüfung unterziehen.

_____

_____

8) Die Mannschaft trat im ausverkauften Stadion eindrucksvoll in Erscheinung.

_____

_____

9) Die junge Frau fand direkt Gefallen am Beruf der Großhandelskauffrau.

_____

_____

10) Die Oppositionsführerin stellte in der Rede ihre politische Begabung unter Beweis.

_____

_____

11) Eine durchgreifende Umweltpolitik wurde vor einigen Jahrzehnten noch nicht in Erwägung gezogen.

_____

_____

12) Rasch wurden die neuen Pläne zur Ausführung gebracht.

_____

Vorsichtig: Trennbaren Verben

Bereits Mark Twain wies spöttisch auf eine Unsitte vieler Schreiber hin:

> "Die Deutschen haben noch eine Art von Parenthese (= Einschub, H. Kaminski), die sie bilden, indem sie ein Verb in zwei Teile spalten und die eine Hälfte an den Anfang ... stellen und die andere Hälfte an das Ende setzen. Kann sich jemand etwas Verwirrenderes vorstellen? Diese Dinger werden trennbare Verben genannt. Die deutsche Grammatik ist übersät mit trennbaren Verben wie von den Blasen eines Ausschlages; und je weiter die zwei Teile auseinander gerissen werden, desto zufriedener ist der Urheber." [3]

In der deutschen Sprache gibt es eine Reihe trennbarer Verben. Beispiele hierfür sind:

21

- fortsetzen

- stattfinden

- heimsuchen

- umkehren

Wenn man in kurzen Sätzen Verben trennt, entstehen noch keine Verständnisprobleme:
„Gestern fand die Vorstandssitzung statt."

Wissenschaftliche Studien belegen, dass unser Kurzzeit-gedächtnis durchschnittlich 3 Sekunden problemlos überbrücken kann. Diese 3 Sekunden entsprechen beim Lesen 12 Silben. Unklarer wird ein Satz demnach, wenn zu viele Wörter zwischen den beiden Teilen des Verbs liegen:
„Die Veranstaltung **findet** unter Beteiligung aller politischen Parteien, der Gewerkschaften, der Betriebsräte und der Vorstän-de der großen Firmen am kommenden Dienstag **statt**."

Nicht nur, dass der Beispielsatz zu lang ist. Zudem liegen 29 Silben zwischen „findet" und dem anderen Teil des Verbs „statt". Das entspricht einer Lesezeit von etwa 7 Sekunden – für unser Kurzzeitgedächtnis eine Ewigkeit. Das Wort „statt" am Satzende kann auf den Leser befremdlich wirken, weil ihm „findet" nicht mehr geläufig ist. So verzerren dann die zu weit auseinander liegenden Teile des Verbs den Satz.

Verständlicher ist:
„Die Veranstaltung findet am kommenden Dienstag statt. Betei-ligt sind alle politischen Parteien, die Gewerkschaften, die Betriebsräte und die Vorstände der großen Firmen."

Vermeiden Sie es, logisch Zusammengehöriges auseinander zu reißen. Zwölf Silben zwischen den Teilen eines Verbs sind das Maximum.

22

Übungen

Verbessern Sie bitte folgende Sätze:

13) Der Firmenvorstand setzte gegen großen Protest der Belegschaft den Plan zur Rationalisierung des Unternehmens um.

_____

_____

_____

14) Ein höheres Gericht hob das Urteil, das den arbeitslosen Jugendlichen zu zwölf Jahren Haft ohne Bewährung verurteilt hatte, in einem neuen Prozess auf.

_____

_____

_____

15) Der Ausbilder stellte den neuen Auszubildenden, der gerade seine Bundeswehrzeit hinter sich hatte und in Bremen lebte, seinen Kollegen vor.

_____

_____

_____

Auf unnötige Vorsilben verzichten

Überflüssige Vorsilben (Präfixe) erleben in unserer Sprache eine Hochkonjunktur. Besonders Verben sind von dieser Unsitte betroffen. Viele Schreiber haben sich schon so sehr an diese überflüssigen Vorsilben gewöhnt, dass Sie diese wie selbstverständlich benutzen. Oft handelt es sich bei diesen überladenen Verben um trennbare Verben: Die Vorsilbe steht dann oft verwaist und nutzlos am Satzende. Vorsilben wie „an" oder „ab" dienen oft nur dazu, Verben sinnlos zu beladen:

1) Wir senkten den Preis für unser Produkt – wie von Ihnen gewünscht – um 10 % ab.

2) Wir lieferten Ihre am 07. 08. 2005 bestellte Ware am 09. 08. 2005 an.

Besser:

1) Wir senkten den Preis für unser Produkt – wie von Ihnen gewünscht – um 10 %.

2) Wir lieferten Ihre am 07. 08. 2005 bestellte Ware am 09. 08. 2005.

Ihre Sätze sind deutlicher und lesefreundlicher, wenn Sie unnötige Vorsilben vermeiden. Dabei soll Ihnen folgende Liste helfen.

24

Vermeiden Sie:		Besser:
*ab*ändern	→	ändern
*ab*kopieren	→	kopieren
*ab*mildern	→	mildern
*ab*stützen	→	stützen
*an*liefern	→	liefern
*nach*folgen	→	folgen
*nach*kontrollieren	→	kontrollieren
*über*prüfen	→	prüfen
*über*senden	→	senden
*über*strapazieren	→	strapazieren
*vor*ankündigen	→	ankündigen
*zurück*erstatten	→	erstatten

Klare Substantive verwenden

Ein Substantiv (= Nomen/ Hauptwort) ist ein Wort, das eine Person, einen Gegenstand oder eine Handlung bezeichnet. (vgl. S. 15) Beispiele hierfür sind: der „Mann", der „Auftrag", die „Untersuchung".

Luthers Bibelübersetzung, die viele Jahrhunderte das Vorbild des Hochdeutschen darstellte, enthält noch ca. 90 % ein- und zweisilbige Wörter. Seitdem hat sich besonders bei den Substantiven der Trend hin zu längeren Wörtern fortgesetzt. Da es gerade in der deutschen Sprache leicht ist, Substantive zu verbinden, entstehen häufig endlos scheinende Wörter. Diese sind besonders in Behördenschreiben beliebt. Als klassisches

Beispiel unter den „Silbenungeheuern" gilt der oft zitierte „Donaudampfschifffahrtsgesellschaftskapitän".

Weitere Beispiele hierfür sind:

- Unfallverhütungsvorschriften

- Gesundheitskostendämpfungsgesetzesvorlage

- Einkommenssteuerdurchführungsverordnung

- Reiserrücktrittsversicherungspolice

- Produktionskapazitätserweiterungsfortschritte

- Schweigepflichtentbindungserklärung

- Bildschirmarbeitsplatzschutzbrillen

- Fahrpreisnacherhebungsformular

Mark Twain verhöhnte solche Stilblüten der deutschen Sprache als „Buchstabenprozessionen" und schrieb weiter:

> „Wenn sich eine dieser Bergketten quer über die Druck-
> seite zieht ... bereitet sie dem Schüler großen Verdruss,
> denn sie versperrt ihm den Weg; er kann nicht unter ihr
> durchkriechen oder über sie hinwegklettern." [4]

Solche Substantive sind nicht nur wenig lesefreundlich; sie sind auch oft schwer verständlich. Ein Grund hierfür liegt auch in der zunehmenden Internationalisierung unserer Gesellschaft. Immer häufiger sind unsere Leser keine Deutsch-Muttersprachler und haben oft weniger Erfahrungen im Umgang mit kombinierten Substantiven. Diese lassen sich dann zudem nur selten in Wörterbüchern finden.

Also Vorsicht: Je mehr solcher Substantive sich in Ihren Sätzen befinden, desto verzerrter kommen diese dann beim Leser an.

26

Oft lassen sich für längere Begriffe auch klarere Ausdrücke finden. So kann man etwa für „Postwertzeichen" besser „Briefmarke" schreiben. Lange, kombinierte Substantive lassen sich oft eleganter umschreiben.

Statt:
„Um Ihren Antrag bearbeiten zu können, brauchen wir noch die Rentenversicherungsnachweisformulare."

Besser:
„Um Ihren Antrag bearbeiten zu können, bitten wir noch um die Nachweisformulare Ihrer Rentenversicherung."

Übungen

Bitte gestalten Sie folgende Sätze lesefreundlicher:

16) Wir kamen leider noch nicht dazu, Ihnen die Hausratversicherungspolice zu schicken.

---

17) Unsere Monitore sind augenschonend, sodass Sie künftig auf Ihre Bildschirmarbeitsplatzschutzbrille verzichten können.

Ebenso verbreitet ist bei manchen Schreibern die Unsitte, passende Substantive unnötig zu strecken. Als reiche z. B. das Wort „Problem" nicht aus, wird es zur „Problemstellung" verlängert. Weitere Beispiele für derartige Verlängerungen sind:

- Sitzgelegenheit statt **Sitz**

- Rückstau statt **Stau**

- Rücksichtnahme statt **Rücksicht**

- Aufgabenstellung statt **Aufgabe**

Achtung: Fremd- oder Fachwörter

„Verfügen Sie über genügend kommunikative Kompetenz, um in einem Diskurs latente Spannungen und manifeste Dissonanzen nicht nur zu registrieren und affektiv zu bewältigen, sondern sie auch produktiv zu einem Konsens zu führen, der eine Diskurskontinuität gewährleistet? Oder treten in solchen Situationen mündlicher Textproduktion bei Ihnen Realitätsmystifizierungen auf, die Sie daran hindern, die konfliktären Faktoren des Diskursprozesses, die Attributierungen, die transrationalen Vorgänge, die Ambivalenzen und Aggressionen zu reflektieren und zu verbalisieren?" [5]

Für ein Lesepublikum, das sich in dem beschriebenen Thema nicht auskennt, ist der oben angeführte Text die Höchststrafe. Durch seine Unmenge an Fachbegriffen bleibt er rätselhaft.

Eins sollte klar sein: Es spricht für Sie als Schreiber, wenn Sie komplexe Informationen in gängiger Sprache vermitteln können. Warum sollten Sie etwa „Novum" oder „kompensieren" schreiben, wenn Ihre Leser stattdessen entsprechende Begriffe wie „Neuheit" oder „ausgleichen" bestimmt verstehen?

Physiker, Mediziner, Banker oder Juristen: Viele Berufsgruppen besitzen ihre Fachausdrücke. So ist „Valuta" im Bankenwesen ein geläufiger Begriff. Branchenfremde kennen jedoch selten seine Bedeutung, nämlich: „Tag der Wertstellung von Gutschriften oder Belastungen auf einem Konto".

Unter Eingeweihten sind Fremd- oder Fachwörter unproblematisch. Jedoch scheinen Fachleute oft zu vergessen, dass sie

28

es im beruflichen Alltag auch mit Branchenfremden zu tun haben. Manche Schreiber überschätzen das Fachwissen des Lesers, andere möchten nicht eingeweihten Lesern mit Fachwörtern imponieren. Das Ergebnis bleibt dasselbe: Fremd- oder Fachwörter verhindern dann ein rasches Textverständnis.

Im Alltag sind Fremdwörter vielfach nicht mehr wegzudenken, wie „Software" oder „Kaution" belegen. Sie sind zu gebräuchlichen Begriffen geworden und oft nur schwer durch deutsche Wörter ersetzbar. Noch andere Fremd- und Fachwörter sind mittlerweile Standard. Das verdeutlicht folgende Liste:

Adresse, Analyse, Bilanz, Computer, Diskette, Export, frankieren, Fusion, Girokonto, gratis, Hardware, Hypothek, Immobilien, Import, Innovation, Interesse, Inventar, Kaution, Kollektion, Kommunikation, Kopie, Korrespondenz, Layout, Leasing, Management, Manager, Marketing, Ökologie, Prämie. Prospekt, Qualität, Quantität, Referenz, Service, Subvention, System, Termin.

Falls Sie zweifeln, ob dem Leser Ihre geschriebenen Fremd- oder Fachwörter klar sind, bieten sich zwei Möglichkeiten an:

• Sie erklären das Fremd- oder Fachwort.

• Sie ersetzen es – wenn möglich – durch ein gängiges Wort.

29

Abkürzungen – nur wenn sie dienlich sind

Inserate, insbesondere für Immobilien, sind ein Musterbeispiel für Abkürzungen: Dort ist der Gebrauch von Abkürzungen plausibel, denn jeder Buchstabe verteuert das Inserat. Der „Aküfi", wie man allgemein den „Abkürzungsfimmel" abkürzt, findet sich auch verstärkt in alltäglichen Korrespondenzen.

Zwei Arten von Abkürzungen lassen sich unterscheiden:

1) Abkürzungen ohne Punkt, die man auch abgekürzt spricht:
AG (Aktiengesellschaft), BGB (Bürgerliches Gesetzbuch), CD (Compact Disc), GmbH (Gesellschaft mit beschränkter Haftung), HGB (Handelsgesetzbuch), MdB (Mitglied des Bundestages), MEZ (mitteleuropäische Zeit), PC (Personal-Computer), OHG (Offene Handelsgesellschaft), TH (Technische Hochschule).

2) Abkürzungen mit Punkt, die man in vollem Wortlaut spricht:
Art. (Artikel), bzw. (beziehungsweise), ca. (cirka), d. h. (das heißt), Dtzd. (Dutzend), evtl. (eventuell), gez. (gezeichnet), i. A. (im Auftrag), i. R. (im Ruhestand), p. a. (jährlich), S. (Seite), s. o. (siehe oben), Std. (Stunde), ü. d. M. (über dem Meeresspiegel), vgl. (vergleiche), z. T. (zum Teil).

Für den Leser werden ungeläufige Abkürzungen vielfach zu Zeit raubenden Angelegenheiten. Häufig lassen sich Abkürzungen nicht einmal nachschlagen. Dann werden sie sogar zu unlösbaren Rätseln.

Sie sollten Abkürzungen nur sehr sparsam verwenden. Vertraute Abkürzungen wie PC, SPD, CDU usw. sind hilfreich. Anders verhält es sich mit „u. E." für „unseres Erachtens" oder „u. U."

30

für „unter Umständen". In solchen Fällen sollte man besser auf Abkürzungen verzichten. Falls Sie nicht sicher sind, ob Ihrem Leser eine Abkürzung bekannt ist, schreiben Sie diese besser aus.

Adjektive – weniger kann mehr sein

Der französische Zeitungsverleger und spätere Ministerpräsident Clemenceau ließ in den Redaktionsräumen ein Schild mit der Aufschrift hängen:

„Bevor Sie ein Adjektiv hinschreiben, kommen Sie zu mir in den 3. Stock und fragen, ob es nötig ist." [6]

Adjektive dienen vor allem dazu, Sachverhalte zu verdeutlichen: „das rote Kleid" (nicht „das grüne"). Man kann sie auch verwenden, um Sachverhalte zu bewerten: „ein anspruchsvoller Film". Außerdem können sie Substantive anschaulicher gestalten, z. B. „drückender Schmerz".

Grundsätzlich sollten Sie Adjektive nicht zu oft verwenden, denn sonst verlieren sie an Wirkung. Wörter wie „unendlich", „riesig" mögen in der Werbung angebracht sein – in herkömmlichen Texten wirken sie übertrieben.

Steigerungen maßvoll nutzen

Adjektive beinhalten drei Ausdrucksformen: die Grundform („groß"), Komparativ („größer"), Superlativ („am größten", „der, die, das größte…"). Adjektive wie spannend, interessant, sparsam erscheinen vielen Schreibern oft zu gewöhnlich. Sie verspüren dann den Drang, den Superlativ zu benutzen:

- das spannendste Buch

- der sparsamste Wagen

31

- die eindrucksvollste Dekoration

Mit der Unart, Adjektive bis zu ihrer höchsten Form zu steigern, sah sich bereits Bismarck konfrontiert. Er soll dann seinem Sekretär gesagt haben: „Jeder Superlativ reizt zum Widerspruch." [7]

> Ihr Text wirkt glaubwürdiger, wenn Sie Superlative sehr sparsam benutzen.

Vorsicht: „Falsche" Adjektive

Häufig finden sich falsche Adjektive, hiervon sind insbesondere Superlative betroffen. So besitzt der Ausdruck „die einzigste Wahl" ein falsches Adjektiv, weil „einzige" nicht mehr zu steigern ist. Andere Beispiele hierfür sind:

- die größtmöglichste Wahrscheinlichkeit (richtig: die **größtmögliche** Wahrscheinlichkeit)

- das meistgelesenste Buch (richtig: das **meistgelesene** Buch)

- der bestangezogenste Mann (richtig: der **bestangezogene** Mann)

- in keinster Weise (richtig: in **keiner** Weise)

- optimalste Voraussetzungen (richtig: **optimale** Voraussetzungen)

Füllwörter und Doppelbezeichnungen vermeiden

„Er befand sich rein rechtlich auf der sicheren Seite."

32

„Rein" ist im vorigen Satz ein Füllwort und somit überflüssig. Andere Füllwörter sind „eigentlich", oder „gewissermaßen". Auch Adjektive sind häufig nur überflüssiges Beiwerk: „schwarzer Rabe", „besondere Privilegien", „zeitliche Verzögerung". Formulierungen wie „immer und ewig" oder „heiße Glut" stellen in der Literatur oft nützliche Stilmittel dar. Im Berufsalltag sind Doppelaussagen jedoch kein guter Stil und überflüssig.

„Über die Angebote sind wir bereits schon informiert."
Auf „bereits" oder „schon" muss man hier verzichten, da diese Begriffe gleichbedeutend sind.

Bei den Doppelbezeichnungen lassen sich „Tautologien" von „Pleonasmen" unterscheiden:

- Bei Tautologien sind bedeutungsgleiche Wörter in einem Satz; wie z. B. „bereits schon".

- Bei Pleonasmen erhält ein Begriff einen überflüssigen Zusatz, wie z. B. „weißer Schimmel".

Viele Schreiber übersehen zudem, dass in einigen Substantiven bereits Verneinungen vorhanden sind: So ist etwa die Schreibweise „Boykott gegen Produkte aus diktatorischen Staaten" statt „Boykott für ..." oder „Boykott des ..." ein gängiger Fehler.

Übungen

Bitte verbessern Sie:

18) Zum Zweck einer genaueren Prüfung übergaben wir den Vertrag unserer Rechtsabteilung.

_____

_____

33

19) In meiner Eigenschaft als Parteivorsitzender kann ich diesem Antrag nicht zustimmen.

_____

_____

20) Der Konstruktionsfehler liegt bei bald fast allen Geräten des neuen Typs vor.

_____

_____

21) Da der Absatz des Produktes von Anfang an hervorragend war, benötigten wir auch praktisch keine Werbung.

_____

_____

22) Mit seinen schlechten Geschäftsbriefen vergeudete er sinnlos seine Zeit und die seiner Empfänger.

_____

_____

Bitte verbessern Sie folgenden Text:

23) Das Erdbeben hat schwere Verwüstungen angerichtet. Riesige Wolkenkratzer stürzten ein. Überall war lautes Geschrei von Menschen und Tieren zu hören. Diese schlimme Katastrophe

kostete vielen das Leben. Überall liefen panische Menschen ziellos umher, und ein alter Greis wurde hektisch durch die Gegend getragen. Die Menschen gingen nach der Katastrophe auf die Straßen und forderten neue technische Innovationen, um solche traurigen Unglücke zukünftig zu vermeiden. Letztendlich sollte man alles tun, um Menschen künftig solche schlimmen Katastrophen zu ersparen.

Partizip – beliebt und oft überflüssig

Das Partizip bezeichnet man auch als Mittelwort, weil es sozusagen etwas vom Verb und vom Adjektiv besitzt. Beispiele sind „schreibend" oder „geschriebene". Partizipien werden besonders in der Behördensprache benutzt und sind oft nutzloses Beiwerk:

1) Beiliegend schicken wir Ihnen einen Prospekt mit.

2) Sie waren mit den erzielten Ergebnissen zufrieden.

Die Partizipien „Beiliegend" und „erzielten" sind nutzlos. Ohne Partizip entzerren Sie Ihre Sätze und formulieren lese-freundlicher:

1) Wir schicken Ihnen einen Prospekt mit.

2) Sie waren mit den Ergebnissen zufrieden.

Übungen

Finden Sie bitte für folgende Partizipien bessere Ausdrücke:

24) Die gestern getroffene Entscheidung war richtig.

_____

25) Beigefügt erhalten Sie als Anlage die Preisliste.

_____

26) Die von den Mitarbeitern gemachten Erfahrungen waren nahezu gleich.

36

27) Der davongetragene Sieg war verdient.

28) Das für morgen anstehende Urteil fällt ein erfahrener Richter.

29) Ich kann unsere getroffene Vereinbarung nicht mehr ändern.

Partizipien können vereinzelt Ihren Schreibstil bereichern. Überflüssige Partizipien sollten Sie jedoch aus Ihrem Repertoire streichen. Die folgende Zusammenstellung unterstützt Sie dabei.

Mit überflüssigem Partizip		Besser:
unser erteilter Auftrag	→	unser Auftrag
die getroffene Entscheidung	→	die Entscheidung
die von uns geleistete Arbeit	→	unsere Arbeit
die beigefügte Broschüre	→	die Broschüre
Ihr erstellter Bericht	→	Ihr Bericht
entstandene Kosten	→	Kosten
gemachte Erfahrungen	→	Erfahrungen
der unterlaufene Fehler	→	der Fehler

Sätze

Klare Sätze – keine „Schachteln und Bandwürmer"

Hauptaussagen gehören in Hauptsätze

Das Aktiv nutzen

Positiv formulieren

Interessant schreiben

Klare Sätze – keine „Schachteln und Bandwürmer"

Wir sprechen in klaren Sätzen, damit man uns auf Anhieb versteht. Wenn wir schreiben, sollten wir genauso verfahren. Stattdessen findet man in der Schriftsprache oft missverständliche Sätze. Der so genannte Schachtelsatz ist dafür der unrühmliche Klassiker. Hierbei werden mehrere Nebensätze in den Hauptsatz eingeschoben. So reißt man logisch Zusammengehöriges auseinander und kompliziert den Satz.

Bereits der Philosoph und Sprachgelehrte Schopenhauer bezog Stellung gegen verschachtelte Sätze. Er wies darauf hin, dass der Mensch nur einen Gedanken gleichzeitig denken könne. So empfahl er allen Schreibern, „sich nicht selbst ins Wort zu fallen" und dem Leser „keine eingekeilten Zwischensätze" zuzumuten.

Solange es sich nur um einen eingeschobenen Nebensatz handelt, gibt es noch keine Verständnisprobleme:

1) Bitte senden Sie den Vertrag, nachdem Sie ihn unterschrieben haben, an unsere neue Adresse.

2) Ich ging sofort, als ich es klingeln hörte, zur Tür.

Viele Verfasser geben sich aber nicht mit einer „Schachtel" zufrieden. Selbst Journalisten renommierter Printmedien sind dabei vor Schachtelsätzen nicht gefeit:

> „Nach den Jahren, als es zur politischen Kultur gehörte, auf der Straße zu protestieren, wird das Gericht den heutigen Außenminister Fischer fragen, wenn er am kommenden Dienstag als Prozesszeuge auftritt, der einstige Weggefährte von Klein-Klein, wie der in jener gewaltbereiten Gruppierung genannt wurde, die sich den harmlosen Namen „Putzgruppe" zulegte." [8]

Eine leserfreundlichere Variante gefällig?

Früher gehörte es zur politischen Kultur auf der Straße zu demonstrieren. Wenn der heutige Außenminister am kommenden Dienstag als Prozesszeuge auftritt, wird das Gericht ihn nach diesen Jahren befragen. Fischer ist der einstige Weggefährte von Klein-Klein, wie der in jener gewaltbereiten Gruppierung genannt wurde, die sich den harmlosen Namen „Putzgruppe" zulegt hatte.

Übungen

Bitte schreiben Sie folgende Sätze verständlicher:

30) Die Sendung von 30 Paletten Geschenkkartons, die wir am ... vereinbarten, der Sie 100 Prospekte, die wir ebenfalls absprachen, beifügen wollten, ist bis heute nicht eingetroffen, obwohl wir sie dringend benötigen, weil wir die Vereinbarungen unseren Kunden gegenüber einhalten möchten.

_____

_____

_____

_____

_____

_____

40

31) Sie behauptete, dass der Mann, den sie kürzlich kennen lernte, als sie auf einer Veranstaltung war, der gesuchte Bankräuber sei.

_____

_____

_____

_____

Neben den Schachtelsätzen erschweren auch übermäßig lange Sätze ein schnelles Textverständnis. Der so genannte Bandwurmsatz ist noch weit verbreitet. Häufig lassen sich solche endlos erscheinenden Sätze erst nach mehrmaligem Lesen verstehen:

„So sicher bereits heute absehbar ist, dass sich Arbeit und Arbeitsprozesse verändern werden, Produktionsprozesse weiter automatisiert und flexibilisiert werden, neue Kommunikations- und Steuerungstechnologien einbeziehen und mithelfen, die Verbreitung neuer Werkstoffe, Verfahren, Produkte und Dienste zu beschleunigen, so unzweifelhaft die Menschen immer mehr Informationen verarbeiten werden und sich auf immer raschere Veränderungen einstellen müssen, so sicher diese neue Entwicklungen eintreten werden, so richtig bleibt auch, dass diese zum Teil faszinierenden Perspektiven nur entlasten und zum Tragen kommen können, wenn sie im Prinzip allen Menschen offen stehen." [9]

Wenn Sie den Satz auf Anhieb verstanden haben, gratuliere ich Ihnen. Leider befinden Sie sich damit wohl in der Minderheit. 85

Wörter in einem Satz, der zugleich auch den gesamten Text ausmacht, sind eine Zumutung. Um den Satz zu verstehen, muss man viel Zeit aufwenden. Ob man sich diese Mühe überhaupt gibt, ist bei diesem Satzungetüm höchst fraglich.

Der zeitgemäße Satz besteht aus durchschnittlich 13 bis 16 Wörter. Bei der Deutschen Presseagentur sind 20 Wörter in einem Satz die Obergrenze. Solche Satzlängen bedeuten jedoch nicht, dass der optimale Text nur aus Sätzen dieser Länge bestehen muss. So sollten Sie allerdings auch eine Anreihung zu vieler kurzer Sätze vermeiden, denn Ihr Text klingt so abgehackt und ähnelt einer schroffen Militärsprache. Gute Texte stehen in einem Wechsel zwischen kürzeren und längeren Sätzen.

Mein Verbesserungsvorschlag des vorigen Bandwurmsatzes:

Die Arbeit und die Arbeitsprozesse werden sich verändern: Produktionsprozesse werden weiter automatisiert und flexibilisiert. Zudem helfen sie dann mit, die Verbreitung neuer Werkstoffe, Verfahren, Produkte und Dienste zu beschleunigen. Die Menschen müssen immer mehr Informationen verarbeiten und sich auf immer raschere Veränderungen einstellen. Diese neuen Entwicklungen und zum Teil faszinierenden Perspektiven können zukünftig entlasten und zum Tragen kommen. Dafür müssen sie aber im Prinzip allen Menschen offen stehen.

> Vermeiden Sie Schachtel- und Bandwurmsätze und kombinieren Sie kürzere und längere Sätze.

Hauptaussagen gehören in Hauptsätze

Das so genannte Satzgefüge besteht aus Haupt- und Nebensatz/ -sätzen. Der/ Die Nebensatz/ -sätze sollte/-n den Hauptsatz inhaltlich ergänzen. Oft liest man jedoch Sätze, bei denen die wesentlichen Informationen nicht im dafür vorgesehenen Hauptsatz stehen. Sätze kommen dann beim Empfänger nicht wie gewünscht an:
„Die amerikanischen Wissenschaftler, die heute revolutionäre Erkenntnisse vorlegen konnten, sind alle ledig."

Sicherlich sind die „revolutionären Erkenntnisse" der Wissenschaftler wesentlicher als ihr Familienstand. Weil jedoch das Wesentliche im Nebensatz steht, kann der Leser die eigentliche Hauptsache als Nebensache auffassen.

Besonders häufig wird Wesentliches in „dass-Sätze" gezwängt:
„Wir weisen Sie darauf hin, dass Sie den vereinbarten Termin am ... unbedingt einhalten sollten."
Auf das einführende Wortgeklingel sollte man hier verzichten: Es zwingt die Hauptaussage in den Nebensatz. Besser ist:
„Bitte denken Sie an den vereinbarten Termin am ... "

Ebenso problematisch sind eingeschobene Nebensätze. Die Einschübe unterbrechen den Hauptsatz und verzerren damit die eigentliche Hauptaussage:
„Bitte liefern Sie die reklamierte Ware, nachdem Sie diese erhalten und repariert haben, an die obige Adresse."

Die wesentliche Aussage sollte in den Hauptsätzen stehen, weil es ein schnelles Satzverständnis erleichtert. In Nebensätzen sollten – wie die Bezeichnung schon sagt – untergeordnete Aspekte stehen. Ohnehin sollten höchstens zwei Nebensätze im Satz stehen, damit der Leser die wesentliche Aussage nicht aus den Augen verliert.

Übungen

Bitte verbessern Sie folgende Sätze:

32) Wir setzen Sie hiermit in Kenntnis, dass wir Ihre Forderung auf Schadensersatz nicht erfüllen können.

_____

_____

_____

33) Das Alter der Mitarbeiterin, die mit einem Internet-Virus die gesamte Computeranlage ihrer Firma lahm legte, ist nicht bekannt.

_____

_____

_____

34) Der Matrose, der in letzter Sekunde eine Frau vor dem Ertrinken rettete, ist gebürtiger Berliner.

_____

_____

35) Der Mann, den niemand erkennen konnte, weil er eine Mütze über seinem Gesicht trug, erschoss beim Überfall einen Bankangestellten.

Das Aktiv nutzen

Eine Aussage kann man im „Aktiv" und im „Passiv" formulieren. Das so genannte Aktiv stellt das Subjekt des Satzes als den Handelnden dar. Dagegen steht im so genannten Passiv die handelnde Person im Hintergrund. Dabei benötigt man zur Bildung des Passivs noch das Hilfsverb „werden".

Aktiv: „Ich vergesse Sie nicht."

Passiv: „Sie werden nicht (von mir) vergessen."

Etwa ein Fünftel der Sätze der deutschen Schriftsprache sind im Passiv formuliert. Besonders im Behördendeutsch gehört das Passiv immer noch zum unrühmlichen Schreibrepertoire. In Passiv-Konstruktionen erscheint der Handlungsträger nebensächlich, und die entsprechenden Sätze wirken dann statisch. Oft bleibt unklar, wer überhaupt gehandelt hat:
„Ihrem Wohngeldantrag vom ... konnte nicht entsprochen werden."

Außerdem schreiben Journalisten im Passiv, wenn sie ihre Informationsquellen nicht nennen wollen:
„Aus gut unterrichten Kreisen wurde bekannt, dass ..."

Durch das Passiv kann man sich aus der Verantwortung ziehen:
„Der Schaden wurde nicht rechtzeitig behoben.", statt: „Ich konnte den Schaden nicht rechtzeitig beheben.".

Manchmal ist das Passiv durchaus angebracht. So können Sie es etwa verwenden, wenn das Subjekt oder der Ausführende der Handlung weniger wichtig ist als diese selbst:

1) Die Bank ist nun bereits zum dritten Male in diesem Jahr ausgeraubt worden.

2) Die Büroräume werden täglich gereinigt.

Wenn Sie gelegentlich im Passiv formulieren, ist das noch kein schlechter Ausdrucksstil. Falls dies jedoch zu oft passiert, wirken Ihre Texte unpersönlich und wenig lesenswert.
Hauchen Sie Ihren Sätzen mehr Leben ein: Ersparen Sie sich und Ihrem Leser unnötige Passiv-Korsetts und bevorzugen Sie dynamische Aktiv-Konstruktionen. So erreichen Sie Ihren Leser schneller.

Statt: „Noch heute werden Ihnen die gewünschten Prospekte geschickt."

Besser: „Noch heute schicken wir Ihnen die gewünschten Prospekte."

Übungen

Bitte wandeln Sie die Passiv- in Aktivformen um:

36) Uns ist von Ihnen noch nicht der Unfallhergang mitgeteilt worden.

_____

37) Die beschädigte Ware wird von uns zurückgenommen und Ihre Kosten werden Ihnen erstattet.

46

_____

_____

38) Bei Zahlung innerhalb einer Woche wird vom Lieferanten ein Skonto von 2% gewährt.

_____

_____

_____

39) In einem Telefongespräch wurde von dem Rechtsanwalt gesagt, dass das Mandat bereits von ihm niedergelegt worden ist.

_____

_____

40) Ihre Klausur ist bereits von mir korrigiert und verschickt worden.

_____

_____

41) Von unserer Firma wurde der Umweltpreis gewonnen.

_____

Positiv formulieren

Welche Formulierung ist klarer?

1) In der Abstiegsmannschaft spielt niemand, der einen Vereinswechsel nicht anstrebt.

2) Alle Spieler der Abstiegsmannschaft streben einen Vereinswechsel an.

Sicherlich stimmen Sie darin überein, dass die zweite Variante lesefreundlicher ist. Sie ist „positiv" formuliert und besitzt damit keine Verneinungen. Demgegenüber besitzt der erste Satz mit „niemand" und „nicht" derer zwei. Viele stocken bei Sätzen, in denen sich Verneinungen häufen. Je öfter sie im Text vorkommen, desto umständlicher wird er.

> Verneinungen sind manchmal sinnvoll. „Positive" Formulierungen sollten Sie jedoch grundsätzlich vorziehen.

Übungen

Bitte schreiben Sie positive Formulierungen:

42) Unter den Mitarbeitern war niemand, der eine Zusammenarbeit nicht anbot.

_____

_____

43) Die Meisterprüfung fiel nicht aus.

_____

44) Keiner hofft, dass Petra die Prüfung nicht besteht.

Interessant schreiben

Ihr Adressat möchte Ihren Text direkt verstehen und zudem noch interessant finden. Durch einen abwechslungsreichen Schreibstil gestalten Sie Ihre Texte ansprechender. Ein attraktiver Stil ist sozusagen die Kür. Prägnanz, Verständlich- und Richtigkeit kann man demgegenüber als Pflichtprogramm sehen.

Vielen Schreibern mangelt es an Schwung im Ausdruck. Wenn wir unsere Texte stattdessen elanvoller formulieren, besitzen sie größere Erfolgschancen. Beispiele:

1) Er machte die Wohnungstür auf und ging in das Wohnzimmer, machte das Fenster zu und machte das Fernsehen an.

2) Er öffnete die Wohnungstür, ging in das Wohnzimmer, schloss das Fenster und schaltete das Fernsehen an.

Sicherlich erscheint Ihnen Satz „2" interessanter als „1". Er vermeidet eintöniges Formulieren und beinhaltet eine abwechslungsreiche Wortwahl. Sie sollten verhindern, auffallend häufig die gleichen Begriffe zu verwenden. Nutzen Sie Ihren Wortschatz und gestalten Sie dadurch Ihre Texte interessanter. Dabei können Ihnen die gängigen Computerprogramme viel Arbeit abnehmen.

Aber vorsichtig: Gehen Sie nicht zu leichtfertig mit Synonymen (= sinnverwandte Wörter) um. Sie sollten diese nur dann verwenden, wenn sie tatsächlich den Satz verbessern. So bieten Synonym-Ratgeber z. B. für „Interesse" häufig die Begriffe „Neugierde" oder „Neigung" an. Diese Ausdrücke geben jedoch „Interesse" nicht angemessen wieder. So ist z. B. „trinken" auch nicht dasselbe wie „zechen".

Sollten Sie Zweifel hegen, ob ein Synonym tatsächlich den Ausdruck verbessert, verzichten Sie besser darauf.

Welcher Satz spricht Sie stärker an?

1) „Im Gehirnstamm, dem entwicklungsgeschichtlich ältesten Teil des Gehirns, übermittelt eine Gruppe von Nervenzellen elektrische Impulse. Das führt zu einer Erregung der Großhirnrinde, die unter anderem unsere gefühlsmäßigen Reaktionen beeinflusst."

2) „Im Gehirnstamm, dem entwicklungsgeschichtlich ältesten Teil unseres Gehirns, beginnt eine Gruppe von Nervenzellen mit einem Feuerwerk elektrischer Impulse. Das erregt die Großhirnrinde, die auch unser Gefühlsleben beeinflusst." [10]

Die erste Fassung erfüllt zwar die Anforderungen von Verständlichkeit und Prägnanz. Die zweite Variante schmückt darüber hinaus die Informationen noch durch einen Vergleich bzw. ein Bild. Damit erreicht man den Leser auf der Gefühlsebene. Sie können so eine dreifache Wirkung erzielen:

• Sie gestalten Ihren Text attraktiver.

• Sie verbessern das Verständnis.

• Texte bleiben so länger in Erinnerung.

Informationen sollten im Mittelpunkt Ihrer Texte stehen. Bilder oder Vergleiche können diese sozusagen beseelen. Zusätzliche Leseanreize und eine abwechslungsreiche Wortwahl gestalten Ihren Text lesenswerter.

50

Übungen

Finden Sie bitte bedeutungsähnliche Begriffe:

45) erlauben _____

46) verschönern _____

47) eifrig _____

48) interessant _____

Verbessern Sie bitte folgenden Text:

49) Heute wollte mein Chef irgend so ein Verzeichnis, um es mit mir zusammen anzugucken. Meine stundenlange Suche danach brachte nichts. Später kam er wieder in mein Büro und hatte das Verzeichnis in der Hand. Das Verzeichnis war nämlich nicht in meinem Büro, sondern in seinem Büro.

_____

_____

_____

_____

_____

_____

_____

Textaufbau

Folgerichtig schreiben

Layout – das Gesicht Ihres Textes

Folgerichtig schreiben

Ein folgerichtiger Text präsentiert seine Aussagen in sinnvoller Reihenfolge.

Was halten Sie vom folgenden Brief?

> Sehr geehrter Herr Rose,
>
> wir bedanken uns für Ihren Brief vom 2. diesen Monats.
>
> Leider können wir Ihren Auftrag zu Ihren Bedingungen nicht erfüllen. Unsere Preise sind bereits so kalkuliert, dass ein Preisnachlass nur auf Kosten der Qualität möglich wäre. Wir denken, dass dies auch nicht in Ihrem Interesse läge. Sie teilten uns auch mit, dass mehrere Mitbewerber gewillt sind, auf Ihre Bedingungen einzugehen.
> Da wir nun unsererseits bestrebt sind, mit Ihnen im Geschäft zu bleiben, haben wir unsere Preiskalkulation noch einmal überprüft. Das Äußerste, was wir Ihnen anbieten können, ist ein Sonderrabatt von 1,5 %. Dieses Zugeständnis können wir nur angesichts des Auftragumfangs und unserer langjährigen Geschäftsbeziehung verantworten.
>
> Mit freundlichen Grüßen
> *Oxana Kochoutina*

Sicherlich irritierte Sie der Text. Und selbst nach mehrmaligem Lesen ändert sich nichts daran.
In diesem Brief behauptet die Verfasserin zunächst, dass kein „Preisnachlass" möglich sei. Dann gesteht sie jedoch dem Kunden einen „Sonderrabatt" zu und rechtfertigt dies letztlich mit der „langjährigen guten Geschäftsbeziehung" und dem „Auftragsumfang". Das ist merkwürdig, denn diese Fakten waren ihr schon am Anfang bekannt. Zu Beginn schreibt sie,

53

dass ein „Preisnachlass nur auf Kosten der Qualität möglich" sei. Der Leser fragt sich am Ende, ob seine Waren nun mit dem zugebilligten Sonderrabatt tatsächlich qualitativ schlechter werden.

Solch ein unlogischer Text verärgert den Empfänger. Zudem lässt die widersprüchliche Argumentation die Verfasserin unglaubwürdig erscheinen. Bestenfalls fragt der Leser noch einmal nach, um den Inhalt zu klären. Dieser Brief kann auch einen Vertrauensverlust bewirken, der oft das Ende einer Geschäftsbeziehung nach sich zieht.

Besser ist:

Sehr geehrter Herr Rose,

wir bedanken uns für Ihren Brief vom 2. diesen Monats.

Sie teilten uns auch mit, dass mehrere Mitbewerber auf Ihre Bedingungen eingehen wollen. Wir möchten aber gern mit Ihnen im Geschäft bleiben. Deshalb haben wir unsere Preiskalkulation noch einmal überprüft. Das Äußerste, was wir Ihnen anbieten können, ist ein Sonderrabatt von 1,5 %. Dieses Zugeständnis wird dank unserer langjährigen Geschäftsbeziehung und des Auftragsumfangs möglich.

Mit freundlichen Grüßen
Oxana Kochoutina

Ob lang oder kurz: Ein gut aufgebauter Text ist stets logisch und übersichtlich gegliedert. Ein neuer Gedanke steht im neuen Satz; ein neuer Gedankengang folgt im neuen Absatz. Die Sätze sind folgerichtig aufeinander bezogen und stehen so in einer sinnvollen Reihenfolge. Der rote Faden ist stets erkennbar.

Ein guter Text zeichnet sich durch folgende Aspekte aus:

- Hauptgedanken sind logisch präsentiert.
- Absätze sind inhaltlich und optisch gut gegliedert.
- Wesentliches ist inhaltlich und formal betont.
- Direkte Aussagen sind gewählt.

Übung

50) Verbessern Sie bitte folgenden Brief:

Sehr geehrter Herr Berster,

Ihre Bewerbung um die Ausbildung zum Bankkaufmann haben wir erhalten.

Sie sind leider neben vielen anderen Bewerbern nicht zum Test im Juli 2005 zugelassen. Wir mussten bei der Menge der Bewerbungen eine Auslese vornehmen. Unser wichtigstes Auswahlkriterium war das Abiturzeugnis. Ihre Noten reichten nicht aus. Aus diesem Grund können Sie leider nicht am Test in unserem Haus teilnehmen.

Für Ihren weiteren Lebensweg wünschen wir Ihnen alles Gute.

Mit freundlichen Grüßen
Daniela Lipps

Layout – das Gesicht Ihres Textes

Beim gelungenen Textaufbau greifen inhaltliche und optische Aspekte ineinander. Sie dienen dazu, dass sich Ihre Leser auf Anhieb im Text zurechtfinden.

Das Layout (= Erscheinungsbild) gibt Ihrem Leser einen ersten Eindruck vom Text – und oft den ausschlaggebenden. So fällt die Entscheidung über Erfolg und Misserfolg oft im Bruchteil einer Sekunde. Jeder schaut gern in ein ansprechendes Gesicht. Das Layout ist sozusagen das Gesicht Ihres Textes. Eine einladende Form motiviert Ihren Adressaten zum Lesen. Bei Werbebriefen oder Angeboten besitzen Sie mit einem gelungenen Layout bereits den entscheidenden Vorsprung gegenüber Ihren Mitbewerbern.

Dennoch begegnen uns immer noch Texte mit schier endlosen Blöcken: Jeder Satz folgt übergangslos auf den nächsten. Diese „Bleiwüste" signalisiert dem Leser: Das ist ein schwer verdaulicher Brocken, der große Anstrengung kostet.

Nutzen Sie kürzere Absätze. Diese bieten den Augen Ruhepunkte. Dabei vermitteln Sie auch: Dieser Text ist gut gegliedert und schnell zu erfassen. Mit Absätzen strukturieren Sie und setzen inhaltliche Akzente. Neben kürzeren Absätzen haben sich noch andere optische Anregungen bewährt. Da nicht alle Wörter oder Sätze gleich wichtig sind, lassen sich wesentliche Informationen variabel betonen:

- Unterstreichung

- Fettdruck

- Größere Schriftart

- Einrückung

- Aufzählung

56

Gehen Sie mit Hervorhebungen jedoch sparsam um. Sonst wird Ihr Text schnell überladen und unübersichtlich. Die Betonungen verlieren an Wirkung und irritieren dann eher.

Als gut lesbare Schriftarten haben sich „Arial" und „Times Roman" bewährt. Üblich ist Schriftgröße 12. Zudem können Sie Aussagen durch eine Tabelle, eine Grafik etc. eindeutiger gestalten. Hier bieten Ihnen die entsprechenden Computerprogramme zahlreiche Möglichkeiten.

Texte im Beruf

Bericht

Leseerwartungen beachten

W-Fragen

Praxisbeispiele

Protokoll

Anforderungen an Protokolle

Protokollaufbau

Bewährte Zeitform in Protokollen

Indirekte Rede in Protokollen

Muster: Verlaufsprotokoll/ Diskussionsprotokoll

Muster: Beschlussprotokoll/ Ergebnisprotokoll

Bewerbung

Merkmale gelungener Bewerbungen

Vollständigkeit

Weitere Tipps, damit der erste Eindruck stimmt

Bewerbungstext als Türöffner

Muster für gelungene Bewerbungsschreiben

Bericht

In Berichten stellt man Ereignisse oder Gegebenheiten sachlich dar: Deshalb spricht man oft auch von Sachberichten. Es können viele Gründe für einen Bericht vorliegen:

- Sie informieren über einen Kongress oder ein Meeting.

- Sie geben einen Überblick über neue Markttrends.

- Sie berichten für eine Zeitung oder eine Online-Redaktion über ein bestimmtes Ereignis.

- Sie klären über das abgelaufene Geschäftsjahr auf.

- Sie stellen Ihrer Versicherung einen Unfallhergang dar.

Welche Berichtsart Sie jeweils wählen, richtet sich nach dem dargestellten Sachverhalt. Je nach Thema lassen sich zahlreiche Berichtsarten unterscheiden. Beispiele hierfür sind der Wetter-, Unfall- oder Geschäftsbericht.

In allen Berichten sollten die Belange des Lesers im Mittelpunkt stehen: Konzentrieren Sie sich stets darauf, was den Leser interessieren oder ihm nützen kann. Damit Ihnen Ihr Bericht gelingt, sollten Sie sich Grundlegendes dazu stets verdeutlichen:

- Schreiben Sie Ihren Bericht in der Vergangenheit: Hier hat sich das Präteritum (= Vergangenheitsform) bewährt: „Anlass des Treffens war …". Ausnahme ist der Wetterbericht, den man im so genannten Futur (= Zukunft) schreibt.

- Fakten klären und eindeutig darstellen.

- Angelegenheiten aufführen, die den Leser interessieren.

Der letzte Aspekt ist nicht immer leicht zu erfüllen, denn er ist eng verknüpft mit den Erwartungen Ihres Lesers.

Leseerwartungen beachten

Erst die richtige Einschätzung Ihres Lese-Publikums ermöglicht einen gelungenen Bericht. Je weniger Vorwissen Sie bei Ihrem Leser voraussetzen können, desto aufklärender und damit umfangreicher sollte Ihr Bericht ausfallen. Ausgewiesenen Autoexperten braucht man technische Fachbegriffe kaum noch erläutern. Das wäre aber bei Auszubildenden in der Automobilbranche der Fall.

Bei Berichten hat sich folgender Aufbau bewährt:

Überschrift: Thema

Einleitung: Abhandlung der W-Fragen

Hauptteil: Nähere Einzelheiten/ Informationen

Schluss: Kurze Zusammenfassung/ Fazit

W-Fragen

Wesentlich für einen Bericht ist es, die so genannten W-Fragen zu beachten. Diese erfassen die wichtigsten Fakten und sind aus Berichten nicht wegzudenken Oft bezeichnet man sie auch als „offene Fragen", da sie – im Gegensatz zu den nur möglichen Ja- oder Nein-Antworten nach „geschlossenen Fragen" – zu weitergehenden Informationen führen:

- Wann war das Ereignis? (Zeitpunkt)

- Wer war daran beteiligt? (Teilnehmer/ Betroffene/-r)

- Was ist geschehen? (Sache/ Anlass)

- Wo ist es geschehen? (Ort)

- Wie ist es geschehen? (Entwicklung/ Art und Weise)

- Warum ist es geschehen? (Situation/ Ursache)

In umfangreicheren Berichten hat es sich bewährt, die W-Fragen bereits am Anfang abzuhandeln: So werden bereits früh wesentliche Fakten geklärt. Ihre Reihenfolge ist dabei Ermessenssache.

Musterbeispiel:

Federer gewinnt US Open

New York. - Der Schweizer Tennis-Profi Roger Federer hat erstmals die US Open gewonnen. Der 23-Jährige siegte mit 6:0, 7:6 (7:3), 6:0, gegen den Australier Lleyton Hewitt, der damit seinen zweiten Triumph in New York nach 2001 verpasste.

Das Finale 2004 verlief unerwartet einseitig und spannungslos. Hewitt verlor dabei als erster US-Open-Endspielteilnehmer seit 1884 zwei Sätze ohne Spielgewinn. Die frühere Nummer eins erwischte einen ganz schwachen Start und gab jeweils nach Doppelfehlern seine ersten beiden Aufschlagspiele ab. Federer überrollte den sonst so laufstarken und viele Bälle zurückbringenden Tennis-Arbeiter mit seinem druckvollen und präzisen Spiel förmlich. Nach nur 18 Minuten gab Hewitt erstmals während des laufenden Turniers einen Satz ab.

Federer holte sich auch noch die nächsten beiden Spiele, doch angefeuert von den 21 000 Zuschauern im nicht ganz gefüllten Arthur-Ashe-Stadium fand Hewitt langsam besser in die Partie. Zudem unterliefen Federer nun auch Fehler. Er nutzte seine Chancen nicht mehr so konsequent und vergab bei einer 5:4-Führung drei Satzbälle. Hewitt konnte dem Weltranglisten-Führenden daraufhin den Aufschlag zum 5:5 abzunehmen. Doch Federer blieb wie immer gelassen und gewann den Tiebreak klar. Der zweite Satz dauerte immerhin 1:08 Stunden.

Im dritten dominierte Federer sofort wieder nach Belieben und nutzte in dem zumeist spannungslosen Finale nach nur 1:51 Stunden seinen zweiten Matchball.

Sie können auch W-Fragen direkt stellen. Das verdeutlicht folgender Bericht:

62

Praktikumsbericht

Unternehmen:
Kindertagesstätte Kleeblatt/ Düsseldorf
tätig im Bereich:
Interkulturelle Pädagogik und Erziehung
Schule bzw. Studium:
Realschule, Klasse 9

Wie wurdest du auf die Praktikumsstelle aufmerksam?
Ich erfuhr davon im Internet.

Wie hast du dich um dein Praktikum beworben?
Ich habe mich dort während der Öffnungszeiten vorgestellt.

Was waren deine Aufgaben im Praktikum?
Meine Aufgaben waren: Mit den Kindern singen und spielen, Dekorieren der Räume, Essen austeilen.

Wie waren Betreuung und Arbeitsklima?
Die Betreuung war in Ordnung, ich kam mir aber manchmal etwas überflüssig vor. Gelegentlich war ich etwas überfordert. Das Arbeitsklima war dennoch gut.

Wie würdest du das Praktikum bewerten? Was hat dir gut gefallen, was hat dir weniger gefallen?
Mein Praktikum war eine wichtige Erfahrung für mich. Ich habe für mich festgestellt, dass es nicht der Beruf ist, den ich ausführen möchte.

Berichte können auch umfangreicher ausfallen. Das ist oft bei Geschäfts- oder Jahresberichten der Fall. Zur besseren Übersicht sollten Sie dann ein Inhaltsverzeichnis erstellen. Ebenso empfiehlt es sich bei längeren Berichten die Seiten zu erwähnen, auf denen sich bestimme Punkte finden lassen. So kann der Leser rasch das finden, was ihn interessiert.

Sportverein Mühlacker – Jahresbericht 2004

Daten und Fakten zum Gesamtbericht   -   Seite: 2
Aus den Sparten:

Fußball   4

Tennis   6

Gymnastik   12

Aerobic   14

Judo   17

Volleyball   18

Ausblick   20

Grundlegende Aspekte des Berichts sind Genauigkeit, Knappheit und Sachlichkeit. Oft fließen stattdessen persönliche Meinungen oder Empfindungen in den Bericht ein. So wird der Bericht schnell zur Erzählung. Es geht jedoch in Berichten nicht darum, den Leser zu unterhalten: Persönliche Meinungen oder Eindrücke sollten die Ausnahme bleiben.

64

Übung

Wandeln Sie bitte die vorangegangene Erzählung in einen Bericht um. Verwenden Sie dabei folgende Fakten:

Wo: Kronberg im Taunus

Wer: Belegschaft der Firma Kepcija

Wann: 12. 04. 2005

Osterwanderung im Taunus

Ostern hatte ich eine wunderbare Wanderung durch den Taunus. Schon lange hatte ich mich darauf gefreut. Wir trafen uns schon am frühen Morgen in einer kleineren Stadt im Hochtaunus. An einem Bach, den wir alle kannten, sollte unsere Wanderung durch den Taunus beginnen und auch wieder ausklingen. Das Rauschen des Baches nahm mir sofort einigen Kummer. Ich war schon oft im Taunus, aber diesmal sollte es etwas ganz Besonderes werden. Schöner hätte der frühe Morgen nicht sein können. Der Himmel schenkte uns ein wunderschönes Blau. Die Sonne lachte und schien uns einen schönen Tag zu versprechen. Zuerst wanderten wir durch einen Forst. Kuckucke begrüßten uns und die ganze Vogelschar freute sich mit uns über diesen fantastischen Morgen. Erst nach einigen Stunden sahen wir andere Wanderer. Unser Glück schien sich in ihren Augen zu spiegeln. Der Tag verging wie im Flug. Vergnügt aber erschöpft erreichten wir abends wieder den Bach.

Protokoll

Protokolle sind sozusagen Berichte über Besprechungen. Protokolle heißen oft auch Niederschriften. Sie sind aus dem beruflichen Alltag nicht wegzudenken. Sie informieren betroffene Stellen oder Personen über Ergebnisse und/ oder den Verlauf einer Besprechung. Zudem kann das Protokoll als Grundlage weiterer Entscheidungen bzw. Maßnahmen dienen. Auch als Erinnerungshilfe haben sich Protokolle bewährt.

Bei Unklarheiten ist das Protokoll Beweis- oder Nachweismittel und besitzt unter Umständen rechtsverbindliche Beweiskraft. So kann es beim arbeitsrechtlichen Streit vor Gericht, in Unfallschutz- oder Kündigungsfragen urteilsrelevant sein.
Von unterschiedlichen Versammlungen lassen sich Protokolle schreiben: Sitzungen, Konferenzen, Verhandlungen, Versammlungen, Schulungen, Anhörungen, Debatten, Prozessen usw.

Anforderungen an Protokolle

Alle Protokolle sollten – soweit möglich – folgende Infos enthalten:

- Rahmen oder Anlass der Veranstaltung

- Zeit bzw. Datum der Veranstaltung

- Thema

- Tagungsort (wenn Ort wechselt)

- Darstellung der einzelnen Tagesordnungspunkte

- Hinzugekommene Punkte (soweit vorhanden)

- Termin der nächsten Zusammenkunft

- Name des/ der Vorsitzenden

- Namen der Anwesenden

- Namen der un-/ entschuldigt Fehlenden
- Name des Protokollanten
- Beschlüsse und wichtige Aussagen
- Hinweis auf wichtige Unterlagen (z. B. Grafik)
- Abstimmungsergebnisse
- Hinweis auf Anlagen (soweit vorhanden)

Protokollarten

Es lassen sich vier Protokollarten unterscheiden:

- Das **Wortprotokoll** gibt eine Verhandlung, Sitzung etc. chronologisch und wörtlich wieder. In der betrieblichen Praxis ist es unbedeutend, weil es für den Leser zeitaufwändig und unübersichtlich ist. Dagegen hat es sich gerade wegen seiner Vollständigkeit und damit verbundenen Beweiskraft in Gericht und Parlament bewährt.

- Das **Gedächtnisprotokoll** wird – wie der Begriff schon offenbart – nach einer Veranstaltung aus dem Gedächtnis geschrieben. Hierbei können naturgemäß eher Fehler unterlaufen als bei den übrigen Protokollformen. Aus diesem Grunde wird diese Form selten gewählt.

- Das **Ergebnisprotokoll** (= **Beschlussprotokoll**) ist sehr verbreitet, weil es übersichtlich und kaum aufwändig ist. Bei dieser Protokollart werden – wie bereits der Begriff vermuten lässt – insbesondere die Resultate und Beschlüsse der Besprechung notiert. Sie eignet sich für Sitzungen, in denen Beschlüsse gefasst werden. Nicht nur Ergebnisse: Auch Kernaussagen und offene Fragen, die einen Bezug zu den Ergebnissen aufweisen, kann man in dieser Protokollart niederschreiben.
- Das **Verlaufsprotokoll** (= **Diskussions-, Verhandlungsprotokoll**) gibt eine Sitzung oder Verhandlung nicht

wortwörtlich sondern zusammengefasst wieder. Alle wichtigen Inhalte wie Beschlüsse, Anträge, Argumente, Ergebnisse, Erklärungen, Einwände, Vorschläge etc. protokolliert man. Im Gegensatz zum Beschluss- bzw. Ergebnisprotokoll soll es auch die Entwicklung der Besprechung erfassen.

Die Beschreibung der Protokollarten stellt eine idealtypische Einteilung dar. In der Praxis gibt es nur selten Protokolle in der Reinform. Am gängigsten ist eine Kombination aus Verlaufs- und Ergebnisprotokoll.

Protokollaufbau

Protokolle lassen sich in der Regel in **Protokollkopf, Hauptteil** und **Schluss** gliedern. Die formellen Angaben finden sich in der Regel am Anfang und Ende des Protokolls. Die eigentliche Besprechung bildet den Hauptteil.

Protokollkopf

Den Anfang des Protokolls nennt man auch Protokollkopf. Er erhält – wie bereits angemerkt – alle formellen Angaben:

• Überschrift, Tag, Ort, Beginn der Besprechung, Namen der Anwesenden und Abwesenden (un-/ entschuldigt) sowie die so genannte Tagesordnung.

Die Überschrift sollte zumindest das Wort „Protokoll" enthalten. Wenn Sie eine Veranstaltung im Rahmen einer Besprechungsreihe protokollieren, sollten Sie die Protokollnummer angeben. Wenn man lediglich eine Angelegenheit diskutierte, dann gibt man diese als „Thema" an. Bilden indes mehr Angelegenheiten den Inhalt der Besprechung, sind diese vorher in einer „Tagesordnung" oder „Geschäftsordnung" festgelegt. Die einzelnen Inhalte werden dann als so genannte Tagesordnungspunkte im Protokoll erfasst.

68

Die Teilnehmer führt man namentlich auf. Dabei können Sie die Namen der Anwesenden nach Rangfolge oder alphabetisch angeben.

Hauptteil

Der Hauptteil beginnt mit dem Einstieg in die eigentliche Besprechung, d. h. in der Regel mit der Wiedergabe der Tagesordnungspunkte (= Besprechungsthemen). Weiter zeichnet sich ein gutes Protokoll durch folgende Aspekte aus:

- Es hält sich an den Ablauf der Tagesordnungspunkte (= TOPs). Später erneut aufgegriffene TOPs ergänzen die früheren.

- Die TOPs sind als Überschriften benannt. Neue Themen beginnen in neuen Absätzen.

- Beschlüsse, wichtige Ergebnisse und Vereinbarungen sind optisch hervorgehoben.

- Auf knappe, objektive und genaue Wiedergabe achten.

Schluss

Der Schluss Ihres Protokolls sollte – soweit möglich – folgende Infos aufweisen:

- Ort und Datum der Anfertigung

- Unterschriften der Verantwortlichen

- Hinweis auf Datum und Ort der nächsten Sitzung

- Anlagen- und Verteilvermerke

Die Verantwortlichen sind der Protokollant und der Vorsitzende bzw. der- oder diejenige, der/ die   für die Richtigkeit der

Ausführungen steht. Wenn sich Unklarheiten ergeben, sollte der Protokollant diese beim Vorsitzenden nachfragen.

Bewährte Zeitform in Protokollen

Als Zeitform hat sich das Präsens (= Gegenwart) bewährt.

„Frau Mai berichtet über den Umsatzeinbruch der vergangenen Jahre. Den Grund hierfür sieht sie besonders im mangelhaften Marketing der letzten Jahre."

Ausnahmen bilden Vorgänge, die zur Zeit der Sitzung schon abgeschlossen waren. Diese gibt man dann in der Vergangenheit bzw. im so genannten Präteritum wieder:
„In diesem Zusammenhang weist Herr Ley auf eine Sitzung aus dem Jahre 2004 hin, in der man schon über dieses Problem diskutierte."

Indirekte Rede in Protokollen

In Protokollen gibt man wieder, was die Anwesenden äußern. Diese Aussagen protokolliert man in der Regel in der so genannten indirekten Rede. Dabei benutzt man oft die Aussageform des Konjunktivs. Der Inhalt des Wortbeitrages kann im Nebensatz erscheinen, der gewöhnlich mit den Konjunktionen (= Bindewörter) „dass" oder „ob" eingeleitet wird.
Indirekte Rede:

1) Frau Plaschkies fragt die Vorsitzende, ob die Sitzung verscho ben werden solle.

2) Herr Stitz sagt, dass die nächste Vereinsversammlung im September stattfinde. Oder: Herr Stitz sagt, die nächste Vereinsversammlung finde im September statt.

3) Frau Quast erwidert, dass die Marktposition für eigene Produkte bald besser werde.

70

Es kann bei der sonst üblichen Aussageform des Indikativs bleiben, wenn man Tatsachen wiedergibt:

1) Herr Krämer erwähnt, dass der Umsatz wieder zurückgeht.

Muster

Diskussionsprotokoll
Mitgliederversammlung: Verein „Schützt unsere Natur" am 17.08.2005 in der Gaststätte „Zum Wandersmann" in Essen.

Anwesende:
Brigitta Adebahr, Hermann Altmann, Christine Aumiller, Stephanie Becker, Kathrin Blomeier, Ralf Brocker, Frank Bollinger, Sabine Büttner, Marianne Fiss, Margret Franziska, Karl Goßmann, Reinhard Hinzpeter, Rob Leben, Ralf Leifeld, David Leymann, Hans Michael, Claudia Michalik, Hans-Jürgen Pott, Ewald Roman, Maria Roman, Ilka Rütten, Klaus Schlüter, Norbert Schmidt, Wolfgang Stitz, Editha Tolle, Bernd Völkel, Ulrich Warobiow, Heschmat Yagmei.

Tagesordnung:
1. Erhöhung des Mitgliederbeitrages
2. Tag der offenen Tür
3. Verschiedenes

Der Vorsitzende, Ewald Roman, eröffnet die Sitzung um 20.00 Uhr und stellte die Beschlussfähigkeit fest.

TOP 1: Erhöhung des Mitgliederbeitrages
Der Geschäftsführer, Hans-Jürgen Pott, erläutert den Antrag auf Erhöhung des Mitgliederbeitrages. Dies sei unausweichlich, da für eine effektive Öffentlichkeitsarbeit auch angemessene finanzielle Mittel zur Verfügung stehen müssten. Da trotz intensiver Bemühungen kaum Spenden

eingegangen seien, müsse man die Mitgliederbeiträge erhöhen. Für dieses Anliegen plädieren auch der Kassenwart, Karl Goßmann, und der Vorsitzende, Ewald Roman. Nach kurzer Diskussion stimmt man dem Antrag zu.

TOP 2: Tag der offenen Tür

Der Vorsitzende, Ewald Roman, schlägt vor, einen Tag der offenen Tür zu veranstalten. An diesem Tag sollen Bürgerinnen und Bürger Einblick in die Arbeit des Vereins bekommen. Hierzu solle man auch Experten aus dem Bereich der Ökologie geladen werden, die auf die Notwendigkeit der Erhaltung der Waldflächen hinweisen. Frau Franziska stimmt dem Ansinnen grundsätzlich zu. Sie spricht sich aber gegen die Einladung externer Experten aus, da diese Aufgabe auch Vereinsmitglieder wahrnehmen könnten. Von Herrn Schmidt wird ebenfalls die Ansicht geäußert, dass der Verein über genügend Experten verfüge und deshalb nicht auf Externe zurückgreifen müsse. Herr Michael ist gegen einen Tag der offenen Tür, weil ihm dies zu unspektakulär sei. Schließlich einigt man sich darauf, den Antrag auf die nächste Mitgliederversammlung zu vertagen.

TOP 3: Verschiedenes

Herr Hinzpeter informiert, dass über die Arbeit des Vereins am 19.08. 2005, um 19.30 Uhr, im ZDF berichtet wird. Der Vorsitzende schließt die Sitzung um 22.00 Uhr.

Nächste Mitgliederversammlung: Dienstag, 03.12.2005.

Düsseldorf, 17.08.2005
Schriftführerin   Für die Richtigkeit/ Vorsitz.
Marianne Fiss   *Ewald Roman*

Anlage: Anwesenheitsliste

Ergebnisprotokoll/ Beschlussprotokoll

Verein „Schützt unsere Natur", Schraeplerstraße 6,
45355 Essen

Protokoll der Gründungsversammlung, 14.02.2005,
Gaststätte: „Zum Wandersmann".

Protokollführung: Marianne Fiss

Anwesende:
Brigitta Adebahr, Hermann Altmann, Christine Aumiller,
Stephanie Becker, Kathrin Blomeier, Frank Bollinger, Ralf
Brocker, Sabine Büttner, Marianne Fiss, Margret Franziska,
Karl Goßmann, Reinhard Hinzpeter, Rob Leben, Ralf
Leifeld, David Leymann, Hans Michael, Claudia Michalik,
Hans-Jürgen Pott, Ewald Roman, Maria Roman, Ilka
Rütten, Klaus Schlüter, Norbert Schmidt, Wolfgang Stitz,
Editha Tolle, Bernd Völkel, Ulrich Warobiow, Heschmat
Yagmei..

Tagesordnung: 1) Gründung des gemeinnützigen Vereins
„Schützt unsere Natur" durch Bestätigung der Satzung
2) Wahl des Vorstands

Zu 1: Die Gründungsmitglieder stimmen ohne Gegenstim-
me der vorliegenden Satzung zu. Sie gründen den Verein,
indem sie die Satzung durch ihre Unterschrift bestätigen.
Zu 2: Die Gründungsmitglieder wählen einstimmig Ewald
Roman zum ersten und Hans Michael zum zweiten
Vorsitzenden des Vereins.

Ende: 21.30 Uhr
Schriftführerin: Für die Richtigkeit/ Vors.
Marianne Fiss   *Ewald Roman*

Anlage: Anwesenheitsliste

Bei Verlaufsprotokollen ist es im Zweifelsfall wichtiger, den Diskussionsverlauf angemessen wiederzugeben, anstatt ihn fragwürdig zu verkürzen. Insbesondere in beschlusshaltigen Besprechungen ist es wichtig, die Anzahl der Anwesenden festzustellen. In diesem Fall vermerkt man zunächst im Protokoll, ob eine Beschlussfähigkeit gegeben ist oder nicht. Um Beschlüsse zu fassen, ist in der Regel eine bestimmte Anzahl (oft in einer Satzung festgelegt) stimmberechtigter Mitglieder notwendig.

Übung

Bitte schreiben Sie das Diskussionsprotokoll des Vereins „Schützt unsere Natur" um zu einem Ergebnisprotokoll. Tipp: Protokollkopf und Schluss können Sie übernehmen.

Bewerbung

Unternehmen erhalten nach Stellenausschreibungen in der Regel unzählige Bewerbungen. Schon aus Zeitgründen können nicht alle ausführlich begutachtet werden. Eine Bewerbung ist dann erfolgreich, wenn sie zu einem Vorstellungsgespräch führt.

Merkmale gelungener Bewerbungen

Der Bewerbungstext ist das Wichtigste Ihrer Bewerbung. Ob man Ihr Bewerbungsschreiben liest, hängt sehr oft vom ersten Eindruck ab, den Ihre Bewerbung hinterlässt. Deshalb werben Sie bereits im Vorfeld mit einer überzeugenden Aufmachung für sich: Vollständigkeit, Übersichtlichkeit und Sorgfalt sind hierbei die wesentlichen Aspekte gelungener Bewerbungen.

Vollständigkeit

Folgende Unterlagen sollte Ihre Bewerbung enthalten:

- Das Anschreiben – nicht länger als eine DIN-A4-Seite;
- ein professionelles Bewerbungsfoto;
- Ihren Lebenslauf. In der Regel tabellarisch, es sei denn, in der Ausschreibung wird ausdrücklich ein handgeschriebener oder ausführlicher Lebenslauf verlangt;
- Zeugniskopien in chronologischer Reihenfolge. Das jüngste Zeugnis, im besten Fall ein Zwischenzeugnis Ihres jetzigen Arbeitgebers, befindet sich direkt hinter dem Lebenslauf.

Zusätzlich kann Ihre Bewerbung noch enthalten:

- Arbeitsproben, polizeiliches Führungszeugnis, Praktikums-bescheinigungen, Referenzen, Teilnahmebestätigungen oder Zertifikate über Kurse oder Schulungen …

Weitere Tipps, damit der erste Eindruck stimmt:

- Falls Sie sich aus einer anderen Stelle bewerben, sollten Sie für Ihre Bewerbungspost niemals den Freistempler Ihres derzeitigen Arbeitgebers verwenden. Dieser Portodiebstahl disqualifiziert Sie beim Empfänger. Finanzieren Sie Ihren Brief selbst und frankieren Sie ihn mit dem erforderlichen Porto. Es wäre peinlich, wenn Ihr Empfänger Nachporto zahlen müsste.
- Lochen Sie Ihre Unterlagen nicht.
- Entscheiden Sie sich als „Verpackung" für Ihre Unterlagen entweder für einen Klemmhefter oder eine hochwertige Bewerbungsmappe.
- Schlechte oder geknickte Kopien gehören nicht in die Bewerbungsmappe.

Bewerbungstext als Türöffner

Um sich auch inhaltlich von Mitbewerbern abzuheben, sollte schon Ihr Bewerbungstext beeindrucken. Hier gilt: Erfüllen Sie soweit wie möglich die Erwartungen und Vorstellungen des angeschriebenen Unternehmens. Lesen Sie deshalb gründlich die Anforderungen und Vorstellungen im entsprechenden Stellen- oder Ausbildungsangebot. Falls Ihnen dies nicht ausreicht, informieren Sie sich doch einfach genauer bei dem Unternehmen. So können Sie später Ihr Bewerbungsschreiben zielgenauer formulieren und beweisen zudem noch besonderes Engagement.

In der **Betreffzeile** („Betreff" nicht schreiben) sollte die von Ihnen angestrebte Stelle stehen und darunter der Fundort der Anzeige:

„Bewerbung als Englischlehrer für Ihr Institut
Ihre Anzeige in der Rheinischen Post vom 07. 05. 2005"

Die **Anrede** kann „Sehr geehrte/r Frau/ Herr" oder auch „Guten Tag Frau/ Herr" lauten. Falls Ihnen Ihr Ansprechpartner nicht bekannt ist, sollten Sie sich nach seinem Namen erkundigen. Sollte Ihnen das nicht gelingen, beginnen sie mit „Sehr geehrte Damen und Herren".

Einleitung

Vermeiden Sie abgenutzte Anfänge wie „Hiermit bewerbe ich mich …" Das spricht niemanden mehr an. Origineller klingt „Ihre Stellenanzeige in der RP vom 07. 05. 2005 hat mich sehr angesprochen", oder „Sie suchen …". So betonen Sie, dass Sie den Nutzen für das Unternehmen herausstellen. Sie können sich dann im Einstieg Ihres Anschreibens auf das entsprechende Gespräch beziehen: „Gerne erinnere ich mich an unser Telefongespräch vom …". Diese persönliche Note spricht emotional an und inspiriert den Empfänger zum Weiterlesen.

76

Diese Vorgeschichte ist allemal attraktiver als abgenutzte Anfänge.

Hauptteil

Nun macht es sich bezahlt, wenn Sie sich vorab über die ausgeschriebene Stelle sehr genau informiert haben. Bauen Sie eine Brücke zwischen sich und dem Unternehmen: Ihre Qualifikationen, Berufserfahrungen und Neigungen sollten Sie auf die Bedürfnisse des Unternehmens zuschneiden. Schließlich möchten Sie das Unternehmen dazu bewegen, dass es Sie zum Vorstellungsgespräch einlädt.
Der Text sollte genau auf das Stellenangebot abgestimmt sein. Versuchen Sie sich doch einmal als Produkt zu betrachten und stellen sich die Frage:
Warum und wodurch kann gerade ich dem Unternehmen nutzen?

Eins sollten Sie sich vergegenwärtigen, wenn Sie sich in einer Bewerbungssituation befinden: Den perfekten Bewerber gibt es nicht. Auch auf eventuelle Ungereimtheiten in Ihrem Lebenslauf, wie z. B. lange Studienzeit oder eine vorzeitig beendete Ausbildung, sollten Sie eingehen. Bei aller Eigenwerbung: Hüten Sie sich vor Halb- und Unwahrheiten. Imitieren Sie nicht Münchhausen, denn in der Realität haben Lügen bekanntlich kurze Beine. Individuelle Akzente setzen Sie, wenn Sie auch offen über Ihre weiteren beruflichen Ziele bzw. über Ihre Karriereplanung sprechen. Das beweist Ihre Zielstrebigkeit und Eigeninitiative.

Schluss

Falls man Ihr Schreiben bis hier her gelesen hat, haben Sie bereits überzeugt. Der Schluss ist eher Ermessenssache. Ein Klassiker unter den Schluss-Sätzen lautet „Über ein persönliches Gespräch würde ich mich sehr freuen." Dieser Satz ist nicht falsch, aber erfrischender klingt:

„Habe ich Ihr Interesse geweckt? Ich freue mich auf Ihre Nachricht. Besonders natürlich dann, wenn sie mit einem Vorstellungsgespräch verbunden ist."
Immer richtig ist die Grußformel „Mit freundlichen Grüßen".

Muster für gelungene Bewerbungsschreiben

Bewerbung um eine Ausbildung zum Fachinformatiker Anwendungsentwicklung
Ihre Anzeige in der Rheinischen Post vom 07. 05. 2005

Guten Tag Frau Limpinsel,

Sie suchen Auszubildende zum Fachinformatiker Anwendungsentwicklung. Das damit verbundene Aufgabenfeld reizt mich schon lange. Deshalb bewerbe ich mich sehr gerne auf diesen Ausbildungsplatz.

Einen positiven Einblick in die professionelle Systemadministration gab mir ein Praktikum bei der Firma NewNet. Hier verstärkte sich noch mein Wunsch nach einer technischen Ausbildung. Auch privat beschäftige ich mich leidenschaftlich mit dem PC. So rüste ich ihn selbst auf und helfe Bekannten und Freunden oft bei ihren Soft- und Hardwareproblemen. Diese Kenntnisse möchte ich gern in die Ausbildung einbringen.

Habe ich Ihr Interesse geweckt? Ich freue mich auf Ihre Nachricht. Besonders dann, wenn sie mit einem Vorstellungsgespräch verbunden ist.

Mit freundlichen Grüßen
Leon Lukas

Anlagen: Lebenslauf, Zeugnisse

78

Bewerbung als Dozent im Bereich „Deutsch als Fremdsprache" (DaF)
Ihre Anzeige vom 27. 09. 2005 in der WAZ

Guten Tag Frau Dr. Scheytt,

gern erinnere ich mich noch an meine Hospitation 1998 in Ihrem Haus. Das Aufgabengebiet der von Ihnen ausgeschriebenen Stelle deckt sich inhaltlich stark mit meinen bisherigen Kursprojekten. Gern bewerbe ich mich auf die ausgeschriebene Stelle, weil sich bei Ihnen, Unterrichtsprojekte durch neueste Technik unterstützen lassen.

Seit über sieben Jahren bin ich in der Erwachsenenbildung im Bereich DaF tätig. Dabei entwickelten sich höherstufige Sprachkurse und berufsorientierte Schreibtrainings zu meinen Schwerpunkten. Drei Jahre war ich als Sprachtrainer für Benedict Köln besonders an Projekten des Arbeitsamtes beteiligt, die den Eintritt von Migranten ins Berufsleben förderten. Sprachkompetenz als Schlüsselqualifikation für den Arbeitsmarkt war Credo dieser Maßnahmen. Ziel war u. a. die Erstellung individueller Bewerber- bzw. Berufsprofile. Das Teilnehmerspektrum reichte von Arbeitssuchenden ohne Schulabschluss bis hin zu Akademikern.

An der Volkshochschule Hilden leite ich nun seit 2001 Kurse, die das Schreiben von Texten in Beruf und Ausbildung verbessern helfen. Basis dieser Schreibtrainings bildet übrigens mein eigens hierfür entwickeltes Konzept.

Auf ein persönliches Gespräch freue ich mich sehr.

Mit freundlichen Grüßen
Helge Paros

Anlagen: Lebenslauf, Zeugnisse und Referenzen

Übung

51) Schreiben Sie bitte einen Bewerbungstext und verwerten Sie dabei folgende Infos:
Stellenangebot in der WAZ am 09. 02. 2005/ Ausbildungsstelle zur Fachkraft für Brief- und Frachtverkehr zum 01. 08. 2005 bei der Deutschen Post/ Anforderungen an den Bewerber: gute körperliche Fitness, Zuverlässigkeit, höfliche und freundliche Umgangsformen.

Bewerber: Erhard Benjamin/ er hat sich vorab bei Frau Roman über die Ausbildungsstelle informiert/ er steht seit 01. 08. 2004 in einer Ausbildung zum Groß- und Einzelhandelskaufmann bei Fa. Schulte, die er zu Gunsten der nun angestrebten Stelle beenden möchte. Hobby: Langstreckenlauf.

Den Empfänger zum Lesen animieren – weitere Schreibtipps für Geschäftsbriefe

Von Erkenntnissen der Lesepsychologie profitieren

Den Leser in den Mittelpunkt rücken

Mit Schlüsselwörtern locken

Mit Überleitungen die Aufmerksamkeit erhalten

Mit Fragen führen

Mit Unerfreulichem geschickt umgehen

Positives betonen

Von Erkenntnissen der Lesepsychologie profitieren

Die Lesepsychologie ist ein vergleichsweise junges Forschungs-feld. Es untersucht die Blick- und Lesegewohnheiten. Dabei fallen gewisse Stellen in Briefen auf, die man besonders beachtet. Diese Blickfänger beeinflussen entscheidend, ob man einen Text zu Ende liest:

- Betreffzeile (wird von über 90% gelesen!)

- Textbeginn

- Unterschrift

- PS-Zeile

Die **Betreffzeile** (nicht „Betreff" schreiben!) können Sie als Überschrift oder Thema Ihres Briefes nutzen. Sie soll ansprechend sein und dem Leser Nutzen und Vorteile verheißen. Fettdruck oder größere Schrift hebt dann noch die Aufmerksamkeit.

Bei der **Ansprache** sollten Sie die persönliche Anrede – wenn bekannt – schreiben. Hier hat sich „Sehr geehrte/-r Frau/ Herr… " oder „Guten Tag Frau/ Herr…" bewährt.

Im **Textbeginn** sollten Sie überholte Floskeln meiden und direkt zum Thema kommen.
Versuchen Sie anfangs bereits eine positive Atmosphäre zu schaffen. Eine persönliche Note kann schon früh Vertrauen erzeugen:

1) Gerne denke ich an unser letztes Telefongespräch…

2) Mit Freude erinnere ich mich an unser letztes Treffen...

Ihre **Unterschrift** beachtet man in der Regel auch. Unterschreiben Sie in anderer Farbe (blau oder schwarz) oder mit dickerem Stift – das wirkt persönlicher.

Die **PS-Zeile** besitzt ebenfalls einen hohen Aufmerksamkeitswert. Sie kann den positiven Eindruck weiter steigern. Nutzen Sie diesen „Columbo-Effekt" Ihres Briefes. "PS" schreibt man kaum noch. „Übrigens" hat sich mittlerweile im Nachsatz bewährt:

1) **Übrigens**: Auf Wunsch senden wir Ihnen auch gern unsere neuen Angebote.

2) Auf Wunsch senden wir Ihnen **übrigens** auch gern unsere neuen Angebote.

Den Leser in den Mittelpunkt rücken

In der Geschäftskorrespondenz findet man zu häufig den „Wir-Stil". Ein „Wir" oder „Ich" kann zwar manchmal angebracht sein, jedoch darf dies nicht in Selbstdarstellung ausarten. Der Leser fühlt sich dann nicht beachtet. Bei kundenorientierter Korrespondenz spielt der Kunde die Hauptrolle. Das betonen Anreden wie „Sie" oder „Ihnen".

Nicht: „In den nächsten Tagen liefern wir die bestellte Enzyklopädie."

Besser: „Die bestellte Enzyklopädie erhalten Sie in den nächsten Tagen."

Erfahrungsgemäß sind Briefe erfolgreicher, wenn Sie leserorientiert im Sie-Stil" verfasst sind. Das ist individueller, und Ihre Leser fühlen sich ernster genommen.

84

Mit Schlüsselwörtern locken

Es gibt Begriffe, die positive Gefühle beim Leser hervorrufen. Dazu zählen Wörter, die dem Leser Vorteile und Nutzen versprechen oder auch einfach Neugierde wecken. Die folgende Liste enthält Schlüsselwörter:

> Substantive: Erholung, Freizeit, Preisnachlass, Sicherheit, Urlaub, Vorteil, Wohlstand.
> Adjektive: anerkannt, beliebt, garantiert, gesund, glücklich, nützlich, preiswert, zuverlässig.
> Verben: gewinnen, profitieren, sichern, sparen, verbessern.

Diese positiv besetzten Wörter erhöhen erfahrungsgemäß beim Leser die Aufmerksamkeit. Besonders in Werbebriefen sollte man gezielt solche Schlüsselwörter nutzen. Ein bescheidener Umgang damit ist jedoch in anderen Geschäftsbriefen angebracht.

Optisch lassen sich diese Schlüsselwörter auch als Überschriften hervorheben:
- Ihr Vorteil
- Unser Preisnachlass

Mit Überleitungen die Aufmerksamkeit erhalten

Handelt es sich im Text um komplexe Inhalte, sollten Sie passende Übergänge finden. Diese ermöglichen Sie mit Überleitungen: Der rote Faden lässt sich so auf Anhieb erkennen und fördert, den Text schnell zu erfassen. Folgende Wörter haben sich als Überleitungen bewährt:
Außerdem, daher, darüber hinaus, dazu, deshalb, weiterhin, zudem, zusätzlich.

Mit Fragen führen

Eine andere findige Möglichkeit der Überleitung ist die Frage. Sie spricht buchstäblich an, wirkt stimulierend und leitet so locker auf den nächsten Gedankengang hin. Fragen nutzt man besonders in Werbebriefen:
„Welche Vorteile bringt Ihnen das Produkt?"

Auch in anderer Korrespondenz macht die Frage – sparsam genutzt – aufmerksamer:
„Wie könnte ein Kompromiss aussehen?"

Mit Unerfreulichem geschickt umgehen

Es gehört zum beruflichen Alltag, seinen Adressaten gelegentlich auch Unerfreuliches mitzuteilen. Das kann vielfältige Gründe haben: steigende Preise, Verzögerungen von Lieferzeiten, Rückholaktionen usw. Keinesfalls sollten Sie in solchen Fällen direkt mit der Tür ins Haus fallen.

Beispiel:
Eine Firma überlässt ihren Händlerkunden Zugaben ab bestimmten Bestellmengen. Die Händler geben diese dann als Werbegeschenke an ihre Kunden weiter. Aufgrund eines Gerichtsurteils wurde diese Aktion jedoch unterbunden. Darüber informiert man dann den Händlerkunde.
Welche Textvariante erscheint Ihnen in diesem Zusammenhang besser?

1) Wir bedauern, Ihnen ab sofort die üblichen Zugaben bei bestimmten Abgabemengen nicht mehr liefern zu können. Wir bitten um Ihr Verständnis.

2) Am ... hat das Oberlandesgericht ... einem Lebensmittelhersteller untersagt, Kinderspielzeug als Werbegeschenke zu verteilen. Wir haben das Urteil genau

86

studiert und mussten feststellen, dass dieses Urteil auch unsere Situation berührt…

Sicherlich fiel Ihre Wahl auf Beispiel „2". Es folgt der bewährten Devise bei unangenehmen Nachrichten: „Erst begründen – dann verkünden".
Zwar fällt der Text dann länger aus. – Das ist jedoch in diesem Fall akzeptabel, weil der Schreiber auf diese Weise sorgfältiger und engagierter wirkt. Der Briefpartner spürt so, dass man sich stärker um ihn bemüht.

Vermeiden Sie Anfangsätze wie „Leider ist es mir nicht möglich, Ihnen die gewünschten Kopien in den nächsten Tagen zu senden.". Hier stimmt „Leider" den Leser bereits negativ ein, bevor er überhaupt Ihren Text kennt.

Unangenehme Nachrichten lassen sich besser „verpacken", wenn Sie diese indirekt ansprechen. Im vorigen Beispiel stoßen Sie den Adressaten besser nicht direkt vor den Kopf. Schreiben Sie zunächst etwas Nettes und formulieren Sie moderat. Dies wirkt dann rücksichtsvoller.

Beispiel:
Ein Kunde beanstandet einen gerade gekauften CD-Player.

Statt:
„Sehr geehrte Frau Richert,
leider sind wir nicht in der Lage, den bemängelten CD-Player zurück zu nehmen..."

Besser:
„Sehr geehrte Frau Richert,
wir möchten alle unsere Kunden zufrieden stellen. Umso mehr bedauern wir, dass es uns bisher bei Ihnen nicht gelungen ist…"

Dieser Beginn beruhigt den Kunden. Er wird zwar immer noch enttäuscht sein, wenn er später die unerfreuliche Nachricht liest.

Allerdings mildert ein positiver Briefanfang dann die ungünstige Antwort ab.

Übung

52) Bitte verbessern Sie folgenden Satz:
Wir sind momentan leider nicht im Stande das Ersatzteil einzubauen, weil unser Lieferant es erst in drei Wochen liefert.

Positives betonen

Häufig besteht sogar die Möglichkeit, unerfreulichen Entscheidungen positive Seiten abzugewinnen. Eine Firma informiert z. B. ihre Kunden darüber, dass der Vertreter sie künftig seltener besucht. Die Kunden möchte man dafür im stärkeren Maße telefonisch betreuen. Keinesfalls sollte dann der entsprechende Text so ausfallen:

„Allgemeine Preiserhöhungen und höhere Löhne und Gehälter in der Branche gehen auch an uns nicht spurlos vorüber. Diese Faktoren zwingen uns zu Rationalisierungsmaßnahmen, die künftig die Vertreterbesuche auf zwei pro Jahr beschränken. Dafür erweiterten wir unser Call-Center."

Der Text vermittelt bereits anfangs ein negatives Klima. Zudem wird den Leser diese Begründung der Preiserhöhung nicht interessieren, weil er derartige Erklärungen ständig hört oder liest,
Selbst Negatives können Sie gelegentlich werbewirksam für sich oder Ihr Unternehmen nutzen. Gewinnen Sie den Kunden dabei mit seinem Interesse für Ihr Produkt oder Ihre Dienstleistung:

„Der Kontakt wird noch enger. Unser Call-Center steht nun ständig für Sie bereit und kann Ihre Wünsche jederzeit entgegennehmen. Zudem informieren wir Sie künftig telefonisch

88

über alle Neuigkeiten. Der Vertreter braucht Sie durch diese Umstellung nur noch zweimal pro Jahr besuchen."

Übung

53) Wie lässt sich folgender Brief positiver gestalten?

Ihr Abonnement „Spannende Welt"

Sehr geehrte Frau Brauer,

der Abonnementpreis für ... wird ab ... monatlich betragen. Daher bitten wir Sie, bei Ihrem Geldinstitut eine Änderung Ihres Dauerauftrages vorzunehmen.

Die Preisanhebung um ... Euro im Monat war aufgrund der schwachen Konjunktur in den letzten Jahren unvermeidbar. So stiegen die Kosten allein für Papier um ... Prozent. Stark angehobene Löhne und Gehälter in der Druckereibranche, erhöhte Stromkosten und wesentlich höhere Postgebühren zwangen uns zu dieser Entscheidung.

Wir bitten um Ihr Verständnis.

Mit freundlichen Grüßen
Margret Franziska

Gängige Geschäftsbriefe

Werbebrief (= Geschäftsbrief im weiteren Sinn)

Anfrage

Angebot

Auftrag

Gängige Geschäftsbriefe

Wie die Bezeichnung schon ausdrückt, zielen Geschäftsbriefe auf Geschäfte. Verkaufen oder Kaufen steht im Vordergrund. Zu den Geschäftsbriefen zählen:

- **Werbebrief** (= Geschäftsbrief im weiteren Sinn)
- **Anfrage**
- **Angebot**
- **Auftrag**

Werbebrief – mit AIDA zum Ziel

Der Werbebrief ist sozusagen ein unverlangtes Angebot: Man bietet Produkte oder Dienstleistungen von sich aus an. Den Adressaten, der bereits Kunde ist oder werden soll, informiert und umwirbt man in Werbebriefen. Folgende Fragen können zu einem erfolgreichen Werbebrief beitragen:

- Welchen Nutzen bietet mein Produkt oder meine Dienstleitung?

- Warum soll sich der Adressat gerade für mein Produkt oder für meine Dienstleistung entscheiden?

Je klarer und eingängiger der Werbebrief verfasst ist, desto besser kommt Ihre Botschaft an. Hier hat sich das amerikanische „AIDA" bewährt. Dieses Schema nennt die wesentlichen Elemente eines Werbebriefes. Die Buchstaben stehen dabei für die entsprechenden Schwerpunkte des Werbebriefs:

A = Attention (Aufmerksamkeit schaffen)

I = Interest (Interesse wecken)

D = Desire (Besitzwunsch erzeugen oder verstärken)

A = Action (zum Handeln auffordern)

A

Schon im Betreff sollten Sie den wichtigsten Kundennutzen nennen. Nutzen Sie positive Assoziationen und finden Sie eine eingängige Formulierung. Dabei können Sie schon anfangs Ihren Adressaten auf der emotionalen Ebene ansprechen: Bewährt haben sich hier Themen wie Prestige, Gesundheit, Wohlergehen, Sicherheit, Wohlstand. Möglich sind auch Zitate oder Aussagen, die einen Bezug zum/ zur angepriesenen Produkt/ Dienstleistung besitzen. Bei einem angebotenen Gesundheitsprodukt könnte z. B. die Überschrift lauten: „Die Gesundheit ist eine Krone, die nur Kranke sehen." (Koreanisches Sprichwort)

I

Nachdem Sie die Neugier des Lesers weckten, sollten Sie jetzt sein Interesse halten. Die Situation des Kunden kann man beschreiben und dabei auf seine speziellen Wünsche und Bedürfnisse abzielen. Das Interesse an dem Produkt soll geweckt werden. Dem potentiellen Kunden nennt man Gründe und Vorteile, die seinen Wunsch nach dem Produkt fördern.

D

Hier beginnt die Verkaufspsychologie: Überzeugen Sie durch eine gelungene Argumentation, denn nun sollen Sie den Kauf- oder Besitzwunsch des Kunden wecken. Gewinnen Sie den Leser durch überzeugende Begründungen und Kaufanreize.

92

A

Den Kunden sollte man abschließend zum Handeln auffordern. Machen Sie ihm dabei die Annahme des Angebots möglichst leicht.

Die aufgeführten Aspekte stehen im engen Zusammenhang und können sich überschneiden. So hat sich auch „Z" als zusätzlicher Anreiz bewährt. „Z" könnte etwas Überraschendes oder Besonderes beschreiben und so vielleicht zum entscheidenden Kaufargument werden. „Z" ist häufig in der PS-Zeile zu finden.

Beispiele:

Ihre Schönheit ist bei mir in besten Händen (A)

Sehr geehrte Frau Roman,

Sie gehören zum kleinen Kreis schönheitsbewusster Kundinnen, denen ich ein besonderes Angebot mache (A):

Für nur 49,90 Euro erhalten Sie in meinem Salon eine individuelle, typgerechte Schönheitsberatung. (I)

Dazu gehört auch eine komplette Basisbehandlung. Sie besteht aus einer angenehmen Gesichtsreinigung, einer wohltuenden und erfrischenden Dampfbehandlung, der schonenden Entfernung von kleinen Hautunreinheiten, sowie einer intensiven Pflegemaske. (D) Kühle Getränke und eine entspannte Atmosphäre gibt es gratis dazu. (D)
Ich freue mich schon auf Ihren Besuch! (A)

Mit freundlichen Grüßen
Margret Hensel

Übrigens: Ich verwende ausschließlich hochwertige Natur- und Markenkosmetika! (Z)

> *Jetzt kommen gute Texte wie gerufen!*
>
> Sehr geehrte Frau Hildebrandt,
>
> mal angenommen, Sie benötigen dringend eine überzeugende Texterin für ein brandeiliges Mailing.
>
> Die Zeit drängt. Wo finden Sie jetzt nur so schnell eine stilsichere und dudenfeste Textexpertin, die Ihren Mailingtermin rettet?
>
> Kein Problem! Als freie Texterin helfe ich Ihnen bei akuten Textproblemen gerne weiter: flexibel, zuverlässig und kostengünstig!
>
> Sie erhalten auf Wunsch von mir verkaufsstarke Texte. Damit überzeugen Sie Ihre Kunden oder Geschäftspartner.
>
> Interessiert? Dann zögern Sie nicht und rufen mich doch einfach an.
>
> Ich freue mich schon auf Ihre Nachricht!
>
> Mit freundlichen Grüßen
> *Heike Flesch*
>
> Übrigens: Gerne zeige ich Ihnen auch einige Textproben.

Anfrage

Die Anfrage ist häufig der erste Schritt in der geschäftlichen Korrespondenz. Während man mit der allgemeinen Anfrage oft Kataloge oder Preislisten erbittet, soll die spezielle Anfrage über bestimmte Preise oder die Qualität informieren.

Ihre spezielle Anfrage sollte – wie im folgenden Textbeispiel verdeutlicht – folgende Bausteine enthalten:

1. Grund der Anfrage/ Bitte um ein Angebot
2. Exakte Beschreibung des Gewünschten
3. Zahlungsmodalitäten
4. Ansprechpartner für Fragen
5. Termin für das gewünschte Angebot

Anfrage Lernsoftware (1)

Sehr geehrte Frau Henneken,

wir gehören zu den führenden Schulungszentren im Bereich Fremdsprachen. Natürlich möchten wir auch weiterhin bei unserer Lernsoftware auf dem aktuellsten Stand bleiben. Deshalb wenden wir uns an Sie. Besonders interessiert uns Ihre neueste Lernsoftware „Mega-Learning 2005". **(2)**

Bitte informieren Sie uns darüber, was Lieferung und Installierung dieser Software kosten. Geplant ist, dass Sie 255 PCs mit der gewünschten Software ausrüsten. **(3)**
Wie viel Rabatt gestehen Sie uns zu, wenn wir sofort bezahlen? **(4)**

Auf Ihr rasches Angebot bis zum 10. 07. 2005 freuen wir uns. **(5)**

Mit freundlichen Grüßen
Wolfgang Dangendorf

Schulleiter

Angebot

Je nachdem, ob eine Anfrage vorliegt oder nicht, unterscheidet man zwischen dem verlangten und unverlangten Angebot. Mit beiden Angebotsarten wird zugesichert, bestimmte Produkte oder Dienstleistungen zu aufgeführten Bedingungen zu liefern oder zu leisten. Das folgende Angebot wurde vorher gewünscht und ist so als schriftliche Reaktion auf eine vorhergehende Anfrage zu sehen.

Ihr Angebot sollte folgende Aspekte enthalten:

1. „Angebot" schreiben / Bezug zur Anfrage / Dank

2. Detaillierte Beschreibung des Angefragten

3/ 4. Preis evtl. Preiserläuterung

5. Zahlungsbedingungen und Lieferbedingungen

6. Evtl. Info zu Modalitäten der Bestellung

7. Bitte um / Dank im Voraus für Auftrag / evtl. Eigenwerbung

8 . Bei Anlagen: „Anlage(n)" schreiben

Angebot – Ihre Anfrage vom XXX (1)

Sehr geehrter Herr Dangendorf,

wir freuen uns über Ihre Anfrage und bedanken uns dafür. Sie interessieren sich für unsere neue Lernsoftware. Wir können Ihnen bei Ihrem gewünschten Auftragsvolumen folgendes Vorzugsangebot unterbreiten:

Lieferung und Installation der Lernsoftware Mega-Learning 2005 für 255 PCs (2):

84. 458, 00 Euro (3)

Der Preis versteht sich exklusive Mehrwertsteuer. (4) Wenn Sie innerhalb von 14 Tagen ab Rechnungslegung liefern, gewähren wir Ihnen 3 % Skonto. (5)

Bitte beachten Sie:
Das Angebot gilt nur, solange der Vorrat reicht. (6)

Wir freuen uns auf Ihren Auftrag und hoffen, von Ihnen zu hören. Von Ihrer Entscheidung für einen zuverlässigen Partner können Sie auch weiterhin profitieren. (7)

Mit freundlichen Grüßen
Sabine Henneken

Abteilungsleiterin/ Vertrieb

Anlagen **(8)**

Auftrag

Der Auftrag oder die Bestellung folgt im Geschäftsleben oft dem Angebot.
Während man bei einer Bestellung üblicherweise Waren anfordert, bezieht sich ein Auftrag auch auf Dienstleistungen. Der Auftrag kommt durch Kundenunterschrift unter das Angebot zustande.

Mit dem Auftrag oder der Bestellung akzeptiert man das Angebot und seine Bedingungen rechtswirksam: Der Verkäufer verpflichtet sich die Ware oder die Dienstleistung ordnungsgemäß zu liefern bzw. auszuführen – der Käufer dagegen muss Ware oder. Dienstleistung annehmen und bezahlen. Lag kein oder ein unverbindliches Angebot vor, muss man genau beschreiben, was man beauftragt oder bestellt. Häufig geschieht das dann aus einem Katalog oder einer Preisliste.

Oft folgt in der geschäftlichen Korrespondenz nach dem Auftrag oder der Bestellung noch die „Auftragsbestätigung". Sie kann auch „Auftragsannahme" oder „Bestellannahme" heißen. Eine Auftragsbestätigung schreibt man üblicherweise dann,
• wenn kein festes Angebot vorlag,
• oder wenn das Angebot unverbindlich war,
• oder wenn das erstellte Angebot verändert wurde.

Übung

54) Bitte schreiben Sie eine Auftragsbestätigung. Verarbeiten Sie folgende Infos:
Telefonat vom 10. 10. 2005: Frau Servis plant die Weihnachtsfeier mit ihren Mitarbeitern in Ihrem Restaurant.
Die Vereinbarungen:
Weihnachtsfeier am 20. Dezember/ Restaurant „Lebensglück"/ Beginn: 19.00 Uhr/ 45 Personen/ Vorspeise: Antipasti/

Hauptgerichte: Saltimbocca a la Romana Pasta Alfredo, Desserts: Tiramisu und Eisvariationen/ Komplettpreis: 58 Euro pro Person/ Weine Pinot Grigio, San Giovese, 1997/ 23 Euro pro Flasche, Abrechnung nach Verbrauch Merlot, San Antonio, 1995/ 33 Euro pro Flasche, Abrechnung nach Verbrauch/ Softgetränke: Abrechnung nach Verbrauch/ Weihnachtsdekoration am Tisch ist im Preis enthalten. Alle Preise sind inklusive Mehrwertsteuer.

„Post per Internet"

Immer mehr Briefe verschickt man elektronisch. Diese elektronische Post nennt man weltweit E-Mail (engl.: e-mail) – zu erkennen an dem Symbol „@". Ihre entscheidenden Vorteile sind:

- Nachrichten erreichen den Adressaten – gleich an welchem Ort dieser Welt – in Sekundenschnelle.
- E-Mails sind enorm preiswert und zudem papierlos.
- E-Mails können Sie auch rund um die Uhr mühelos an mehrere Empfänger senden.
- Nicht nur Nachrichten können Sie per E-Mail verschicken: Umfangreiche Bild- und Textdateien, die enormes Porto verschlingen würden, können Sie bequem und günstig als Anhang zur E-Mail mitschicken.

Was benötigen Sie zur E-Mail-Korrespondenz?

Für Ihre E-Mail-Korrespondenz brauchen Sie neben Computer und Telefonleitung:

- einen Internetzugang,

- eine Software, um E-Mails zu erstellen, zu senden und zu empfangen,
- ein Modem, ISDN- oder DSL-Anschluss, um mit Hilfe des Computers den Online-Zugang nutzen zu können.

99

Erst der Provider stellt eine Verbindung ins Internet her. Die bekanntesten Provider bzw. Online-Dienste in Deutschland sind u. a. AOL, Freenet und T-online. Sie stellen dem Nutzer anhand einer eindeutigen E-Mail-Adresse ein elektronisches Postfach zur Verfügung. Für T-Online-Kunden könnte eine Adresse folgendermaßen lauten:

➢ n.schmidt@t-online.de
➢ s.servis@web.de

Wie sicher und vertraulich sind Ihre Mails?

Bei allen Vorteilen der E-Mails darf man ihre Nachteile nicht übersehen. So kann man ihre Vertraulichkeit bzw. Geheimhaltung nicht garantieren. Wie folgende Praxisbeispiele beweisen, kann dies im Berufsleben fatale Folgen haben:

• Kollegen gründeten ein Netzwerk und tratschten dort via E-Mails über ihren Chef, der angeblich nichts davon wusste. Bis er alle per E-Mail zur „Abschiedsparty" einlud.

• Der Marketingleiter der britischen Konservativen wurde entlassen, als man in seinem E-Mail-Ausgang den Text einer vertraulichen Rede des stellvertretenden Parteivorsitzenden entdeckte.

Die Schwächen der E-Mails liegen in ihren Sicherheitslücken. Jeder kann sich im Internet frei bewegen. Auch dem Missbrauch ist damit Tür und Tor geöffnet. Was Vertraulichkeit und Identifizierung angehen, lässt sich die E-Mail mit einer Postkarte vergleichen.

Vorsicht: E-Mails sind erfahrungsgemäß ein Sicherheitsrisiko für Ihren Computer. Über E-Mails werden Computer häufig mit Viren infiziert: Seien Sie vorsichtig, wenn Sie dubiose E-Mail-Anhänge feststellen. Löschen Sie im Zweifelfall solche Mails. Wählen Sie hinsichtlich Ihres E-Mail-Programms die höchste

Sicherheitsstufe und öffnen Sie Anhänge nur nach einer Sicherheitsbestätigung.

Der professionelle Abschluss – die Signatur

E-Mail-Programme bieten auch in der Regel die Möglichkeit, eine so genannte Signatur zu nutzen. Sie steht am Ende der E-Mail und gehört für viele schon zum guten Ton im Geschäftsleben. Neben dem Gruß beinhaltet sie auch Infos über den Adressaten.

Beispiel für eine E-Mail, inklusive Kopf und Signatur:

1. Freundliche Grüße
2.
3. Schmidt GmbH
4.
5. Edith Tolle
6.
7. Telefon: +49 211 / 168 – 7001
8. Fax: +49 211 / 168 – 7002
9. E-Mail: edith.tolle@t-online.de
10. www.schmidt.de

Stilsichere E-Mails

Beim Formulieren von E-Mails wird noch nicht – wie etwa bei Geschäftsbriefen – einheitlich verfahren. Manche schreiben E-Mails im Telegrammstil:
„Morgen, 18.00 Uhr am HBF? Wenn ja, bestätigen Sie es bitte noch heute."

Andere Nutzer betrachten E-Mails wie herkömmliche Briefe und schreiben ähnlich ausführlich. Häufig wird dabei weniger auf Rechtschreibung und Grammatik geachtet: Das ist kein guter Stil: Korrekte Rechtschreibung und Grammatik sollten auch in E-Mails selbstverständlich sein.

Wie herkömmliche Texte aus der Berufswelt sollten auch E-Mails und ihre Anhänge – soweit vorhanden – folgende Kriterien erfüllen:

- Verständlichkeit

- Klarheit

- Übersichtlichkeit

- Attraktivität

„Anschrift", „Verteiler" und „Betreff" sind die vorgegebenen Leerzeilen eines E-Mail-Kopfes. Eine ansprechende Formulierung im „Betreff" sollte bereits zum Öffnen und Weiterlesen der E-Mail animieren. Nutzen Sie diese Chance: So klingt z.B. „Durchbruch bei Tarifverhandlungen (Protokoll vom 20. 06. 2005)" interessanter als „Protokoll der Tarifverhandlungen vom 20. 06. 2005".

Bewährt hat sich bei Korrespondenzen, die sich länger hinziehen, die Funktion „Antworten". Damit schreiben Sie Ihren Text automatisch unter den erhaltenen. Der Empfänger erkennt Ihre Antwort an dem automatischen Zusatz „Re" im Betreff. Öffnet er die E-Mail, kann er auf diese Weise neben Ihrem auch noch seinen Text lesen: Der Gesprächsfaden lässt sich so direkt nachvollziehen und – so lange wie gewünscht – fortsetzen.

Verzichten Sie im Berufsleben auf „Smileys" (☺) und ähnliche Zeichen oder Bilder. Bei vielen Leuten erweckt man damit keinen seriösen Eindruck und trifft auf wenig Gegenliebe.

Bei den E-Mails handelt es sich um ein vergleichsweise junges Medium. Es bildeten sich jedoch unter den Internetnutzern unausgesprochene Regeln heraus. Dabei fördern folgende Aspekte Ihre erfolgreiche E-Mail-Korrespondenz:

102

- Richten Sie sich eine seriöse E-Mail-Adresse ein. Sicherlich sagt „tennis-michael@hotmail.com" etwas über sein Hobby aus, wirkt aber wenig seriös.

- Da die Software des Empfängers in der Regel den Zeilenumbruch steuert, sollte Ihr Text ein Fließtext ohne Worttrennungen sein. Schreiben Sie E-Mails einzeilig. Absätze sind durch Leerzeile zu trennen.

- Sprechen Sie den Empfänger mit der richtigen Anrede an. Diese sollte dann vom folgenden Fließtext durch eine Leerzeile getrennt sein.

- E-Mails sind für das Auge schwieriger zu erfassen. Vermeiden Sie deshalb einen Roman-Stil. Wenn Ihre E-Mail zu lang ausfällt, können Sie den Text besser als Anlage schicken.

- Ersparen Sie dem Empfänger mühevolles Downloaden! Größere Dateien (> 300 KB) lassen sich – wenn nötig – mit einem passenden Programm „komprimieren".

- Prüfen Sie mindestens einmal täglich, ob Sie elektronische Post bekommen haben: Absender erwarten in der Regel noch am gleichen Tag eine Antwort. – Hiervon ausgenommen ist selbstverständlich die ungewollte Werbung („Spams").

- Begrenzen Sie Ihre E-Mail – wenn möglich – auf ein Thema Ob Sie Ihren E-Mail-Partner duzen oder siezen, hängt von dem Grad der Beziehung ab. Im Zweifelsfall sollten Sie siezen.

- Auch in E-Mails sollten Sie den Empfänger mit seinen Wünschen und Anliegen in den Mittelpunkt stellen.

Tipps für E-Mail-Bewerbungen

E-Mail-Bewerbungen werden immer gefragter. Wenn das Stellenangebot ausdrücklich Kurzbewerbungen verlangt, dann können Sie in der Regel die E-Mail-Bewerbung wählen. Hier genügen dann Anschreiben und Lebenslauf. Bieten Sie an, weitere Unterlagen später nachzureichen. Neben den Tipps im vorangegangenen Kapitel „Stilsichere E-Mails" ist speziell bei E-Mail-Bewerbungen noch zu beachten:

- Verschicken Sie Ihren Lebenslauf als Anhang und achten Sie auf eine gelungene Formatierung. Denn mehr als 70 Prozent der Personalchefs behandeln E-Mail-Bewerbungen wie schriftliche Bewerbungen. Sie drucken sie aus und legen sie zu den übrigen Bewerbungen.

- Schicken Sie eine Testbewerbung zuerst an sich selbst. So können Sie – wenn nötig – noch etwas ändern.

- Auf Word-Dateien sollten Sie verzichten, denn diese werden häufig Opfer von Viren oder Spam-Filtern. Viele Internet-Nutzer öffnen Word-Dateien prinzipiell nicht.

Stattdessen sollten Sie Ihre Anhänge im Idealfall als „PDF" verschicken. PDF steht für „mobiles Dateiformat" und besitzt weitere Vorteile:

1) Layout und Formatierungen bleiben erhalten und die Dateien besitzen weniger Speicherplatz.
2) Ein von Ihnen verschicktes Word-Dokument kann der Empfänger – auch unbeabsichtigt – weiter bearbeiten und ändern. Das ist beim PDF-Dokument nicht so leicht möglich.
3) Jeder Benutzer kann es anzeigen, egal ob er Windows, Mac oder Unix als Betriebssystem einsetzt.

Text überprüfen – finden Sie Testleser

Auch Schreibprofis bleibt die Erfahrung nicht erspart: Wenn man länger an einem Text schreibt, ist man später häufig blind für eigene Fehler. Sie übersieht man dann, weil unser Gehirn nur das liest, was es erwartet.

Moderne Rechtschreibprogramme weisen uns unübersehbar auf Fehler hin. Sich jedoch nur darauf zu verlassen, könnte fatal sein. Das beweist der folgende Text, bei dem die betonten Buchstaben vom Computer „übersehen" wurden:

Lieber Frau Tolle,

Bedanken möchten wir uns erst einmal für ihre Bewerbung.
Sie möchten in unsere Quizsendung „Wissen = Geld" als Kandidatin mitspielen. Ihr ausgebuchtes Wissensgebiet „Geschichte der Freimaurer" ist auch für unsere Zuschauer interessant. Wir würden Sie gern in einem persönlichen Gespräch näher kennen lehren.

Mit freundliche_ Grüßen

Norbert Schmidt
Team TV & Co.

Möchten Sie manchmal Ihren Text noch unbedingt überprüfen lassen? Scheuen Sie sich dann nicht, in solchen Fällen geschätzte Menschen zu konsultieren. Diese „Testleser" sind nicht wie Sie mit Ihrem Text verwoben und gehen unbefangen daran. Sie können Sie vor Fehlern und Unklarheiten bewahren, die sonst dem eigentlichen Empfänger aufgefallen wären.

Nicht immer haben wir die Zeit, Testleser zu befragen und müssen einen Text selbst überprüfen. Dann hat es sich bewährt, ihn von hinten nach vorn zu überprüfen. So hindern wir unser Gehirn daran, das zu lesen, was es erwartet.

Lösungsvorschläge zu den Übungen

Mehr Verben – das Herz der Sprache nutzen

1) Falls Sie die vertraglichen Fristen nicht einhalten, erhöht sich das Bußgeld.

2) Es würde der Region schaden, wenn sie den Staudammbau unterlässt.

3) Es ist verboten, den Parkplatz zu benutzen.

4) Unsere Produkte fragt man immer stärker nach.

5) Entschuldigen Sie bitte, dass wir Ihre Rechnung verzögert begleichen.

„Unechte Verben" sparsam verwenden

6) Wir bedanken uns für Ihr enormes Engagement.

7) Bitte prüfen Sie auch die Belastbarkeit der Bewerber.

8) Die Mannschaft spielte eindrucksvoll im ausverkauften Stadion.

9) Der jungen Frau gefiel direkt der Beruf der Großhandelskauffrau.

10) Die Oppositionsführerin bewies in der Rede ihre politische Begabung.

11) Eine durchgreifende Umweltpolitik wurde vor einigen Jahrzehnten noch nicht erwogen.

12) Rasch wurden die neuen Pläne ausgeführt.

Vorsicht: Trennbare Verben

13) Der Firmenvorstand setzte den Plan um, das Unternehmen zu rationalisieren. Das geschah gegen großen Protest der Belegschaft.

14) Ursprünglich verurteilte man den arbeitslosen Jugendlichen zu zwölf Jahren Haft. Ein höheres Gericht hob das Urteil in einem neuen Prozess auf.

15) Der Ausbilder stellte den neuen Auszubildenden seinen Kollegen vor. Er hatte gerade seine Bundeswehrzeit hinter sich und lebte in Bremen.

Klare Substantive verwenden

16) Wir kamen leider noch nicht dazu, Ihnen die Police der Hausratversicherung zu schicken.

17) Unsere Monitore sind augenschonend, sodass Sie künftig bei der Bildschirmarbeit auf Ihre Schutzbrillen verzichten können.

Füllwörter und Doppelbezeichnungen vermeiden

18) Zur genaueren Prüfung übergaben wir den Vertrag unserer Rechtsabteilung.

19) Als Parteivorsitzender kann ich diesem Antrag nicht zustimmen.

20) Der Konstruktionsfehler liegt bei fast allen Geräten des neuen Typs vor.

21) Da der Absatz des Produktes von Anfang an hervorragend war, benötigten wir auch keine Werbung.

22) Mit schlechten Geschäftsbriefen vergeudete er seine Zeit und die seiner Empfänger.

23) Das Erdbeben hat Verwüstungen angerichtet. Wolkenkratzer stürzten ein. Überall war Geschrei von Menschen und Tieren zu hören. Diese Katastrophe kostete vielen das Leben. Überall liefen panische Menschen umher, und ein Greis wurde hektisch durch die Gegend getragen. Die Menschen gingen nach der Katastrophe auf die Straßen und forderten technische Innovationen, um solche Unglücke zukünftig zu vermeiden. Letztlich sollte man alles tun, um Menschen künftig solche Katastrophen zu ersparen.

Partizip – beliebt und oft überflüssig

24) Die gestrige Entscheidung war richtig.

25) Als Anlage erhalten Sie die Preisliste.

26) Die Erfahrungen der Mitarbeiter waren nahezu gleich.

27) Der Sieg war verdient.

28) Das morgige Urteil fällt ein erfahrener Richter.

29) Ich kann unsere Vereinbarung nicht mehr ändern.

Klare Sätze – Keine „Schachteln und Bandwürmer"

30) Am ... vereinbarten wir die Sendung von 30 Paletten Geschenkkartons, die bisher noch nicht bei uns eingetroffen sind. Das gilt auch für die 100 Prospekte, die Sie mitliefern wollten. Wir benötigen die Sendung dringend, weil wir die Vereinbarungen gegenüber unseren Kunden einhalten möchten.

31) Sie behauptete, dass der Mann der gesuchte Bankräuber sei. Sie lernte ihn erst kürzlich kennen, als sie auf einer Veranstaltung war.

Hauptaussagen gehören in Hauptsätze

32) Wir können Ihre Forderung auf Schadensersatz nicht erfüllen.

33) Die Mitarbeiterin legte mit einem Virus die gesamte Computeranlage lahm. (Ihr Alter ist nicht bekannt.)

34) Der Matrose rettete eine Frau in letzter Sekunde vor dem Ertrinken. (Er ist gebürtiger Berliner.)

35) Der Mann erschoss beim Überfall einen Bankangestellten. Niemandem konnte ihn erkennen, weil er eine Mütze über seinem Gesicht trug.

Das Aktiv nutzen

36) Sie haben uns noch nicht den Unfallhergang mitgeteilt.

37) Wir nehmen die beschädigte Ware zurück und erstatten Ihre Kosten.

38) Der Lieferant gewährt bei Zahlung innerhalb einer Woche ein Skonto von 2%.

39) In einem Telefongespräch sagte der Rechtsanwalt, dass er das Mandat bereits niedergelegt hat.

40) Ihre Klausur habe ich bereits korrigiert und verschickt.

41) Unsere Firma gewann den Umweltpreis.

Positiv formulieren

42) Alle Mitarbeiter boten eine Zusammenarbeit an.

43) Die Meisterprüfung fand statt.

44) Alle hoffen, dass Petra die Prüfung besteht.

Interessant schreiben

45) gestatten, dulden, zulassen.

46) zieren, schmücken, dekorieren.

47) fleißig, engagiert.

48) ansprechend, anregend, abwechslungsreich.

49) Heute bat mich mein Vorgesetzter um ein bestimmtes Verzeichnis, um es mit mir durchzusehen. Ich suchte stundenlang vergeblich danach. Da es sich bei ihm befand, kam er später damit in mein Büro.

Textaufbau

50) Überflüssig und darüber hinaus unhöflich ist der Satz:
„Ihre Noten reichten nicht aus."
Es ist nicht üblich über die Gründe zu informieren, die eine Bewerbung scheitern ließen. Daher ist der folgende Satz auch nicht notwendig:
„Unser wichtigstes Auswahlkriterium war das Abiturzeugnis."

Folgender Satz ist auch unnötig, da man den Bewerber schon auf seine erfolglose Bewerbung hingewiesen hat:
„Aus diesem Grund können Sie leider nicht am Test in unserem Hause teilnehmen."

Besser ist folgender Text:

Sehr geehrter Herr Berster,

Ihre Bewerbung um die Ausbildung zum Bankkaufmann habe ich erhalten. Wir mussten bei der Vielzahl von Bewerbungen eine Auslese vornehmen. Sie sind leider neben anderen Bewerbern nicht zum Test im Juli des Jahres zugelassen.

Für Ihren weiteren Lebensweg wünschen wir Ihnen alles Gute.

Mit freundlichen Grüßen
Daniela Lipps

Bewerbung

51)

112

Bewerbung um eine Ausbildung als Fachkraft für Brief- und Frachtverkehr
Anzeige in der WAZ vom 09. 02. 2005

Guten Tag Frau Roman,

gerne erinnere ich mich an unser nettes und informatives Telefongespräch. Dabei gewann ich ein noch genaueres Bild von meiner angestrebten Ausbildung. Das hat mich zusätzlich bestärkt. Deshalb bewerbe ich mich um die Ausbildung als Fachkraft für Brief- und Frachtverkehr bei der Deutschen Post.

Bereits im Vorjahr wollte ich mich um diese Ausbildung bemühen. Letztlich entschied ich mich aber dann doch, den Weg zum Kaufmann im Groß- und Außenhandel einzuschlagen. Dieser Tätigkeit gehe ich nun seit dem 01. 08. 2004 für die Firma Schulte nach. Mittlerweile ist mir klar geworden, dass die mit Ihrer Ausbildungsstelle verbundenen Inhalte besser zu mir passen.

Schon seit längerer Zeit reizt mich dieses Berufsfeld. Besonders den kommunikativen Aspekt schätze ich hierbei. Ebenso interessant ist für mich später die Perspektive des selbstständigen und eigenverantwortlichen Handelns. Mein persönliches Umfeld schätzt an mir Zuverlässigkeit, Hilfsbereitschaft und meine offene Wesensart. Diese Eigenschaften sind in meinem gewünschten Ausbildungsfeld vorteilhaft. Dank meiner Leidenschaft für den Langstreckenlauf fühle ich mich auch körperlich meinem gewünschten Beruf gewachsen.

Auf ein Gespräch mit Ihnen freue ich mich sehr.

Mit freundlichen Grüßen
Erhard Benjamin

Anlagen: Lebenslauf, Zeugnisse

Mit Unerfreulichem geschickt umgehen

52) Wir bauen das Ersatzteil sofort für Sie ein, wenn es geliefert ist. Das wird in drei Wochen sein.

Positives betonen

53)

Ihr Abonnement „Spannende Welt"

Sehr geehrte Frau Brauer,

vielen Dank für Ihr Interesse an unserem Magazin. Sie erfahren von uns auch künftig aus erster Hand die aktuellen Geschehnisse. Dabei wird auch weiter unsere Bildberichterstattung durch überzeugende Aufnahmen beeindrucken.

In den letzten Jahren konnten wir den Preis für „Spannende Welt" stabil halten. Da wir auch zukünftig Berichterstattung aus den entlegensten Gebieten ermöglichen möchten, müssen wir ab ... den Abo-Preis auf ... anheben.

Viel Spaß beim nächsten Leseabenteuer mit „Spannende Welt" wünsche ich Ihnen.

Mit freundlichen Grüßen
Margret Franziska

Auftrag

54)

Auftragsbestätigung/ unser Telefonat vom 10. 10. 2005

Sehr geehrte Frau Servis,

schön dass Sie Ihre Weihnachtsfeier mit Ihren Mitarbeitern in unserem Restaurant begehen. Über Ihr Vertrauen freue ich mich sehr.
Hier noch einmal die wichtigsten Vereinbarungen auf einen Blick:

Beginn: 19.00 Uhr, Restaurant "Lebensglück"

Vorspeise: Antipasti

Hauptspeisen: Saltimbocca alla Romana & Pasta Alfredo

Desserts: Tiramisu und Eisvariationen

Komplettpreis: 58 Euro pro Person

Weine: Pinot Grigio, San Giovese, 1997:
23 Euro pro Flasche, Abrechnung nach Verbrauch
Merlot, San Antonio, 1995: 33 Euro pro Fl., Abrechnung nach Verbrauch

Softgetränke: Abrechnung nach Verbrauch

Die Weihnachtsdekoration am Tisch ist im Preis enthalten.
Alle Preise verstehen sich inklusive Mehrwertsteuer.
Sie kommen mit 45 Personen. Wunschgemäß haben wir das komplette Restaurant an diesem Abend ausschließlich für Sie reserviert.

Ich freue mich auf Sie und Ihre Mitarbeiter. Es erwartet Sie ein unvergesslicher Abend in angenehmer Atmosphäre.
Bis zum 20. Dezember.

Mit freundlichen Grüßen
Kathrin Balgar

Wörterliste zur Neuen Rechtschreibung

A

(gestern, heute, morgen) Abend
abwärts gehen *(getrennt)*
sich in Acht nehmen
außer Acht lassen
Acht geben *(getrennt)*
9-jährig
der/die 9-Jährige
9-mal
Aftershave *(zusammen)*
und/oder Ähnliches
allein erziehend *(getrennt)*
allein stehend (*getrennt*)
im Allgemeinen
allgemein gültig *(getrennt)*
allgemein verständlich *(getrennt)*
allzu oft *(getrennt)*
allzu sehr *(getrennt)*
allzu weit *(getrennt)*
Alptraum, *auch:* Albtraum
für Alt und Jung
alles beim Alten lassen
anders denkend *(getrennt)*
anders lautend *(getrennt)*
aneinander geraten *(getrennt)*
aneinander grenzen *(getrennt)*
jemandem Angst machen
im Argen liegen
Ass
aufeinander folgen *(getrennt)*
aufeinander treffen *(getrennt)*
eine Aufsehen erregende Begebenheit
aufwärts gehen *(getrennt)*
aufwendig, *auch:* aufwändig

auseinander gehen *(getrennt)*
auseinander halten *(getrennt)*
auseinander setzen *(getrennt)*
außerstande, *auch:* außer Stande

B

Balletttänzerin, *auch:* Ballett-Tänzerin
jemandem (**A**ngst und) **B**ange machen
weiterhin: mir ist angst und bange
Bankrott gehen *(weiterhin:* bankrott sein*)*
beisammen sein *(getrennt)*
bekannt geben *(getrennt)*
im **B**esonderen
besser gehen *(getrennt)*
es ist das **B**este, was …
aufs **B**este geregelt
zum **B**esten geben
bestehen bleiben *(getrennt)*
in **B**etreff
Betttuch, *auch:* Bett-Tuch
in Bezug auf
Black-out, *auch weiter:* Blackout
blank poliert *(getrennt*)
Börsentip**p**
breit gefächert *(getrennt*)

C

Come-back, *auch noch:* Comeback
Count-down, *auch noch:* Countdown

D

dabei sein *(getrennt)*
dahinter gehen (getrennt)
dahinter kommen *(getrennt)*

117

darauf folgend *(getrennt)*
darüber stehen *(getrennt)*
da sein *(getrennt), aber weiter:* das Dasein
dass *(als Konjunktion)*
Daten verarbeitend *(getrennt)*
dein *(in Briefen)*
Delfin, *auch noch:* Delphin
deplatziert, *auch:* deplaciert
dessen ungeachtet (*getrennt*)
auf Deutsch
mit jemandem Deutsch sprechen (*getrennt*)
dich *(in Briefen)*
dicht bevölkert *(getrennt)*
dicht gedrängt *(getrennt)*
dir *(in Briefen)*
dort bleiben (*getrennt*)
im Dunkeln tappen
dünn besiedelt (*getrennt*)
durcheinander bringen (*getrennt*)
durcheinander geraten (*getrennt*)

E

ebenso sehr *(getrennt)*
ebenso viel *(getrennt)*
an Eides statt
sein Eigen nennen
einbläuen
das Einfachste ist …
der/die/das Einzelne
im Einzelnen
kein Einziger / keine Einzige
er als Einziger wollte, sie als Einzige …
eisig kalt *(getrennt)*
Eis laufen *(getrennt)*
eng befreundet *(getrennt)*
ernst gemeint *(getrennt)*

118

ernst zu nehmend *(getrennt)*
nicht den **E**rstbesten/die **E**rstbeste nehmen
das reicht fürs **E**rste
zum **E**rsten, zum **Z**weiten …
die **e**rste Hilfe
euch, euer *(in Briefen)*
existenziell, *auch noch:* existentiell

F

Fassette *auch noch:* Facette
Fairplay *(zusammen), auch:* Fair **P**lay
fallen lassen *(getrennt)*
Fastfood *(zusammen), auch:* Fast **F**ood
Feed-back, *auch noch:* Feedback
fein gemahlen *(getrennt)*
fern liegen *(getrennt)*
fertig bringen *(getrennt)*
fertig stellen *(getrennt)*
fett gedruckt *(getrennt)*
Fleisch fressende *(getrennt)* Lebewesen
die Haare fö**h**nen
wie im **F**olgendem zu sehen
frisch gebacken *(getrennt)*

G

gefangen nehmen *(getrennt)*
gegeneinander prallen *(getrennt)*
geheim halten *(getrennt)*
genau genommen *(getrennt)*
genauso gut *(getrennt)*
nicht im **G**eringsten stören
gering schätzen *(getrennt)*
getrennt lebend *(getrennt)*
glatt gehen *(getrennt)*
im **G**roßen und **G**anzen

119

großschreiben *(=* mit großem Anfangsbuchstaben schreiben*)*
es im **G**uten versuchen
gut aussehend *(getrennt)*
gut bezahlt *(getrennt)*
gut gehen *(getrennt)*
gut gemeint *(getrennt)*

H

Halt machen *(getrennt)*
Handel treibend *(getrennt)*
hängen lassen *(getrennt)*
hart gekocht *(getrennt)*
helllicht
hier bleiben *(getrennt)*
Hilfe suchend
hinterher sein

I

Imbissstand, *auch:* Imbiss-Stand
in **B**ezug auf
ineinander greifen *(getrennt)*
irgendetwas *(zusammen)*
irgendjemand *(zusammen)*

J

2-jährig, 3-jährig
ein 2-Jähriger, 3-Jähriger
Jobsharing *(zusammen)*
Jogurt, *auch noch*: Joghurt
Jumbojet *(zusammen)*
für **J**ung und **A**lt

K

120

Kaffee-Ernte, *auch:* Kaffeeernte
Känguru *(ohne h)*
Karamell
2-Karäter, 3-Karäter
2-karätig, 3-karätig,
kennen lernen *(getrennt)*
Kennnummer, *auch:* Kenn-Nummer
Ketschup, *auch noch:* Ketchup
sich über etwas im Klaren sein
klar sehen *(getrennt)*
klar werden
bis ins Kleinste geregelt
klein gedruckt *(getrennt)*
klein schneiden *(getrennt)*
kleinschreiben (in kleinen Buchstaben)
kochend heiß *(getrennt)*
Kongresssaal, *auch:* Kongress-Saal
Kopf stehen *(getrennt)*
die Krieg führenden Parteien *(getrennt)*
krumm nehmen *(getrennt)*
den Kürzeren ziehen
kürzer treten *(getrennt)*
kurz halten *(getrennt)*

L

lang gestreckt *(getrennt)*
auf dem Laufenden sein
laufen lassen *(getrennt)*
Lay-out, *auch:* Layout
leer stehend *(getrennt)*
leicht fallen *(getrennt)*
leicht machen *(getrennt)*
leicht nehmen *(getrennt)*
leicht verderblich *(getrennt)*
leicht verständlich *(getrennt)*
als Letzter fertig sein

bis ins Letzte geklärt
Letzteres trifft zu
zum letzten Mal *(getrennt)*
lieb gewinnen *(getrennt)*
lieb haben *(getrennt)*
liegen bleiben *(getrennt)*
liegen lassen *(getrennt)*

M

Maschine schreiben *(getrennt)*
Maß halten *(getrennt)*
Millionen Mal *(getrennt)*
nicht im Mindesten
(gestern, heute …) Mittag
sein / ihr Möglichstes tun
3-monatig, 4-monatig …
3-monatlich, 4-monatlich ...
morgen Abend, Mittag, Nacht

N

im Nachhinein
(gestern, heute, morgen) Nachmittag
als Nächstes gehen wir...
nahe bringen *(getrennt)*
nahe legen *(getrennt)*
nahe liegend *(getrennt)*
nahe stehen *(getrennt)*
nass geschwitzt *(getrennt)*
nebeneinander sitzen *(getrennt)*
nebeneinander stellen *(getrennt)*
etwas aufs Neue versuchen
neu eröffnet *(getrennt)*
nichts sagend *(getrennt)*
die Not leidenden *(getrennt)* Kriegsbetroffenen
in null Komma nichts

nummerieren
Nummerierung

O

oben genannt *(getrennt)*
offen bleiben *(getrennt)*
offen lassen *(getrennt)*
offen stehen *(getrennt)*
des Öfteren

P

Panther, *auch:* Panter
platzieren
Pleite gehen, *weiterhin:* pleite sein
Portmonee, *auch weiter:* Portemonnaie
potenziell, *auch weiter:* potentiell
privat versichert *(getrennt)*
Probe fahren *(getrennt)*

Q

Quäntchen
quer schießen

R

Rad fahren *(getrennt)*
rau *(ohne h)*
Rauhaardackel
Recht haben
Recht bekommen
reich geschmückt *(getrennt)*
mit etwas richtig liegen *(getrennt)*
richtig stellen *(getrennt)*
Rollladen, *auch:* Roll-Laden

ruhen lassen *(getrennt)*
ruhig stellen *(getrennt)*

S

sauber halten *(getrennt)*
ein Schatten spendender Baum *(getrennt)*
schätzen lernen *(getrennt)*
Schifffahrt, *auch:* Schiff-Fahrt
schlecht gehen *(getrennt)*
schlecht gelaunt *(getrennt)*
schnelllebig
Schritttempo, *auch:* Schritt-Tempo
das schwarze Brett
der schwarze Peter
schuldbewusst
schwer verständlich *(getrennt)*
sein lassen *(getrennt)*
selbstständig, *auch weiterhin:* selbständig
Selbstständigkeit, *auch weiterhin:* Selbständigkeit
selbst ernannt *(getrennt)*
selbst gebacken *(getrennt)*
selbst gemacht *(getrennt)*
selig sprechen *(getrennt)*
sitzen lassen *(getrennt)*
Spagetti, *auch noch:* Spaghetti
spazieren gehen *(getrennt)*
stecken bleiben *(getrennt)*
stecken lassen *(getrennt)*
stehen bleiben *(getrennt)*
stehen lassen *(getrennt)*
Stängel
Stillleben, *auch:* Still-Leben
stilllegen
Stofffetzen, *auch:* Stoff-Fetzen
streng genommen *(getrennt)*
Stuckateur

2-stündig, 3-stündig
substanziell, *auch weiterhin:* substantiell

T

Tabula rasa machen
2-tägig, 3-tägig, 4-tägig
Thunfisch, *auch:* Tunfisch
tief bewegt *(getrennt)*
Tipp
treu ergeben *(getrennt)*
auf dem Trockenen sitzen

U

übel gelaunt *(getrennt)*
übel nehmen *(getrennt)*
übel riechend *(getrennt)*
übereinander legen
überhand nehmen *(getrennt)*
überschwänglich
im Übrigen
übrig bleiben *(getrennt)*
übrig lassen *(getrennt)*
Unrecht haben
unten stehend
untereinander stehen *(getrennt)*

V

im Verborgenen blühen
verloren gehen *(getrennt)*
viel befahren *(getrennt)*
viel gelesen *(getrennt)*
viel sagend *(getrennt)*
viel versprechend *(getrennt)*

aus dem Vollen schöpfen
im Voraus
vorwärts gehen *(getrennt)*

W

weit gehend *(getrennt)*
weich gekocht *(getrennt)*
des Weiteren
weit gereist (*getrennt*)
weit reichend (*getrennt*)
weit verbreitet *(getrennt)*
wie viel *(getrennt)*

Z

Zeit raubend *(getrennt)*
zueinander finden *(getrennt)*
zufrieden geben *(getrennt)*
zufrieden stellen *(getrennt)*
zu Grunde gehen, *auch noch:* zugrunde gehen
zu Grunde liegen, *auch noch:* zugrunde liegen
zu Gunsten, *auch noch:* zugunsten
zu Mute sein, *auch noch:* zumute sein
zusammen sein *(getrennt)*
zu Wege bringen, *auch noch*: zuwege bringen
zum zweiten Mal
jede/r Zweite/r …

Hinweis:
14 Bundesländer führten die Neue Rechtschreibung zum Schuljahr 2005/ 06 verbindlich ein. Bayern und NRW verlängerten die Übergangsfrist bei Korrekturen von Schülerarbeiten auf unbestimmte Zeit.

Literaturnachweis

Es folgen Texte und Werke, die direkt (1-10) oder indirekt zitiert sind.

1) L. Reiners, Stilfibel: Der sichere Weg zum guten Deutsch, 1951, S. 101.

2) W. Sanders, Gutes Deutsch – Besseres Deutsch, 2005, S. 66.

3) M. Twain, The Awful German Language – Die schreckliche deutsche,Sprache, 1999, S. 15 f.

4) M. Twain, a. a. O., S. 43. *

5) N. Franck, Schreiben wie ein Profi, 1995, S. 33 f.

6) N. Franck, a. a. O., S. 24.

7) W. Sanders, a. a. O., S. 165.

8) Frankfurter Rundschau, 13. 01. 2003.

9) Engelen-Kiefer, Was die Zukunft bringt, in: Audimax 01/ 2000, S. 43.

10) Doris Märtin, Erfolgreich texten, 1998, S. 57.

Bertelsmann – Lexikon, 2000, CD-Rom.

Breitkreuz/ Richter, Gutes Deutsch, Gute Briefe, 2000.

Boese-Grzeskowiak/ Fein/ Nussbaum/ Pini-Karadjuleski, Deutsch im Trend, Lehrbuch Berufsbildende Schulen, 2001.

Karl-Dieter Bünting, Deutsches Wörterbuch mit der neuen Rechtschreibung.

Bundesverwaltungsamt, Bürgernahe Verwaltungssprache, 1994.

Deutsche Post AG, Berufsschule: Thema Geschäftsbriefe, 2004.

Duden, Moderne Geschäftsbriefe leicht gemacht, 2005.

Midge Gillies, Professionell korrespondieren, 2000.

H. J. Kurtz, Verständlich schreiben, 1985.

Langer/ Schulz/ v. Thun/ Tausch, Sich verständlich ausdrücken, 1990.

Rolf Leicher, Vom guten zum besseren Geschäftsbrief, 1996.

Roland Leonhardt, kurz & und bündig, Erfolgreicher kommunizieren im Business, 2005.

Daniel Perrin/ Nicole Rosenberger, Schreiben im Beruf, 2005.

Erhard Schätzlein/ Ines Rothe, Kundenorientiert korrespondieren, 2005.

J. Sauer, Geschäftsbriefe mit Stil: effizient, pfiffig und kundenorientiert, 1999.

W. Schneider, Deutsch fürs Leben, 1998.

P. Sturtz/ P. Wend, Geschäftsbriefe schnell und sicher formulieren, 2004.

PCgo, 10/ 2005., S.134ff.

Bärbel Wedmann, Geschäftsbriefe geschickt formulieren, 2005.

WELT vom 25. 06. 2003.

Thomas Wieke, Briefe schreiben, 2003.

Thomas Wieke, Korrespondenz im Job, Was Berufseinsteiger wissen müssen, 2005.

Abkürzungen:
* „a. a. O." = „am angegeben Ort"/ * „f."= „und folgende Seite" / * „ff" = „und folgende Seiten".

Stichwortverzeichnis

Notizen